粤港澳大湾区
台资企业竞争力研究

Research on the Competitiveness of Taiwan-invested
Enterprises in the Guangdong-Hong Kong-Macao Greater Bay Area

卢冠彰　　左小德 ◎ 著

暨南大学出版社
JINAN UNIVERSITY PRESS
中国·广州

图书在版编目（CIP）数据

粤港澳大湾区台资企业竞争力研究/卢冠彰，左小德著.—广州：暨南大学出版社，2022.6
ISBN 978 - 7 - 5668 - 3432 - 4

I.①粤… Ⅱ.①卢… ②左… Ⅲ.①台资企业—竞争力—研究—广东、香港、澳门 Ⅳ.①F279.244.3

中国版本图书馆 CIP 数据核字（2022）第 095863 号

粤港澳大湾区台资企业竞争力研究
YUEGANG 'AO DAWANQU TAIZI QIYE JINGZHENGLI YANJIU
著　者：卢冠彰　左小德

出 版 人：张晋升
责任编辑：曾鑫华　彭琳惠
责任校对：张学颖　黄亦秋　刘小雯
责任印制：周一丹　郑玉婷

出版发行：暨南大学出版社（511443）
电　　话：总编室（8620）37332601
　　　　　营销部（8620）37332680　37332681　37332682　37332683
传　　真：（8620）37332660（办公室）　37332684（营销部）
网　　址：http://www.jnupress.com
排　　版：广州市天河星辰文化发展部照排中心
印　　刷：佛山市浩文彩色印刷有限公司
开　　本：850mm×1168mm　1/32
印　　张：9
字　　数：207 千
版　　次：2022 年 6 月第 1 版
印　　次：2022 年 6 月第 1 次
定　　价：39.80 元

（暨大版图书如有印装质量问题，请与出版社总编室联系调换）

前　言

　　粤港澳大湾区是改革开放之后台商前往大陆投资最早、最热门的地方，迄今仍然是大陆台商汇聚规模较大的投资地域。随着日新月异的发展，市场环境发生了重大变化，出现了诸多新的商业形态，依靠原有的经验已难以掌握和判断，台资企业迫切需要提升企业竞争力。为此，本书基于大量翔实的调研素材，运用程序化扎根理论，构建了大湾区台资企业综合经营指标体系，并深入剖析了影响台资企业竞争力的各个重要因素。在完成信度、效度、相关性检验后，笔者采用模糊物元分析法对样本企业进行评价，并对台资企业的发展情况进行 DEA 分析，得到了企业竞争力数据。根据获得的相应数据，笔者从营商环境、企业家精神、科技创新、台企核心特质、多元化经营等方面提出了相关假设，并进行了实证分析。事实上，这几个方面都是目前大湾区台资企业必须面对的实际问题。

　　通过研究，笔者有以下发现：第一，良好的营商环境对企业竞争力有显著的促进作用，台资企业可以通过改善营商环境来提升企业竞争力。第二，台资企业的核心特质在营商环境的作用下对企业竞争力存在门槛效应。台资企业核心特质的各因素可以借助良好的营商环境得到综合提升，进而提升企业整体的竞争力。台资企业应该抓住并扩大自身核心特质优势，克服困难，保持良好的发展势头，做大做强。第三，台资企业应该继续保持自身文化基因，突显自己的特色，保持自身在管理制度上的优势，通过企业文化作为传导，倡导严谨的工作作风，敢于参与市场竞争，敢拼搏，不退缩，做好产品，办出好企业。第四，企业家精神和企业竞争力有显著的正向关系，企业家精神的培育有助于企业竞争力的发展。这种企业家精神尤其应该运用在科技创新与多元化经营方面，因为本研究发现这两者都可以增强企业的竞争力。一直以来，注重科技创新是台资企业的传统。特别是在科技日新月异的今天，对企业而言，注重核心技术、保持并加大研发投入，是推动企业创新发展的必经之路。而且，粤港澳大湾区聚集着全球顶尖企业，竞争激烈，市场机遇瞬息万变，对市场敏感的台资企业可以根据企业自身的特点合理布局，进行多元化经营以获取市场目标，捕捉市场机遇、信息，避免遭遇较大的投资风险，进而保持并提升竞争力。

自台湾大学毕业后，笔者即进入企业界，旋而来到位于广州开发区的台一铜业公司工作，在切身感触业界发展的同时，更深刻地感触到了大陆与台湾之间的"异"与"同"——"异"为大陆与台湾发展速度的差异，大陆日新月异的发展让人震撼；"同"为两岸同胞的同根同宗，这种同根同宗让人倍感亲切。尤其是在粤港澳大湾区中，这种震撼与亲切更为显著：一方面，大湾区是中国最有活力也是最有竞争力的地区，高手云集，大家各显神通；另一方面，众多台湾乡贤很早就深耕于此，落地生根，开设企业，奉献了青春与汗水。但是如何保持台资企业的竞争力是一个极为现实的问题。带着对这个问题的思考，笔者非常有幸来到暨南大学攻读博士学位，这使得笔者对台资企业竞争力问题的思考更为深入与系统。本书是在笔者博士论文的基础上整理完成的，望可飨于在大湾区打拼的台湾乡贤。

卢冠彰

2021 年 11 月

目　录

1 绪 论

1.1　研究背景

2020 年，一场疫情袭击全球，全球经济形势陷入了前所未有的危机。就在这种背景中，粤港澳大湾区在党中央国务院领导之下，经济率先恢复上行态势并获得了全球资本的青睐。作为中国经济发展的龙头，粤港澳大湾区已经连续 4 年被写进政府工作报告，政府相继出台了多项措施，为粤港澳大湾区释放政策红利。2020 年 5 月，中国人民银行、中国银行保险监督管理委员会、中国证券监督管理委员会和国家外汇管理局四部门在国务院牵头带领下，共同发布了《关于金融支持粤港澳大湾区建设的意见》，这标志着粤港澳大湾区将进一步开放金融市场，释放经济发展活力。

早在 2017 年 3 月 5 日，李克强总理就明确指出要出台相关政策推动内地与港澳深化合作。在同年 10 月 18 日的中国共产党第十九次全国代表大会上，习近平总书记明确提出要"支持香港、澳门融入国家发展大局，以粤港澳大湾区建设、粤港澳合作、泛珠三角区域合作等为重点，全面推进内地同香港、澳门互利合作，制定完善便利香港、澳门居民在内地发展的政策措施"。2019年 2 月 18 日，中共中央、国务院印发了《粤港澳大湾区发展规划纲要》，此举标志着粤港澳大湾区发展上升至国家战略地位。

粤港澳大湾区（以下简称大湾区）涵盖"九市两特区"，占地 5.6 万平方公里、人口 8 600 余万。2018 年，该地区的 GDP 总量已达 10.867 万亿元，约占全国 GDP 的 12%。预测到 2022 年粤港澳大湾区的 GDP 总量将超过日本东京湾区和美国纽约湾区，在世界四大湾区中占据首位。

大湾区建设必将是中国更高水平的对外开放，并促进更高层次的制度变革与创新。因此，大湾区将构建开放型经济新体制，对接高标准贸易投资规则，培育国际合作和竞争新优势。大湾区必将形成集研发、转化、制造于一体，资本、技术、人才相互融通的经济格局。

推动两岸经济社会融合发展是大陆对台政策的重要内容，2020 年 5 月，国家发展改革委、国务院台办等十部门共同印发了《关于应对疫情统筹做好支持台资企业发展和推进台资项目有关工作的通知》（即"11 条措施"），这是继 2018 年"31 条措施"、2019 年"26 条措施"之后，中央政府出台助力台资企业发展的又一重大举措。台湾同胞在大陆学习、创业、就业、生活至今已逐步共享了大陆发展的红利，大湾区建设也将更好地惠及广大台湾同胞。大湾区是台商重要投资的区域，广东作为开放型经济大省、对台经贸合作大省，是台商最早登陆和重要的集聚地之一。根据国务院台办信息，台商累计在粤设立企业多达 3 万家，台资企业基础扎实、根基深厚，改革开放四十多年来积累了扎实的产业链基础。同时，大湾区也在为台资企业产业转型升级、开拓内销市场、推动两岸经济融合不断提供帮助。根据战略规划，大湾区建设着力发展先进制造业、战略性新兴产业和现代服务业。当前台湾也在推动新的产业政策升级，谋求在物联网、生物技术、绿色能源科技、智能机械等领域取得发展。然而，台湾在产业转型升级上存在先天的不足，有市场规模较小、要素禀赋存在短板等问题，因此，台湾在产业转型升级方面需要积极地向大陆靠拢，并努力实现优势互补。

由于历史与现实的原因，台湾属于外向型经济体，"西进"（前往大陆）还是"南向"（前往东南亚地区）的争议持续了40多年。长期以来，台湾同胞希望走出以代工为主的经济发展模式，但产业转型升级并不成功，逐步陷入"闷经济"状态，导致社会充满焦虑并缺乏方向感。面对经济转型，大陆很早便对台湾开放，台湾的众多企业家借助大陆的资源优势，纷纷前来设厂，使台湾在与全球经济体的竞争中占得先机。在深耕40多年后，很多在大湾区的台资企业已经闻名遐迩，而大湾区战略的提出与建设对台资企业来说更是一个重要的历史机遇。

一般认为，台资企业是指由台湾同胞投资兴建的企业，其投资方式可以是独资的，也可以是合资的。台资企业是以投资对象来确定的，而不是以经营方式来划分的。很多台资企业是以香港、澳门为跳板进入大陆的，由台资变为港资或合资企业，或是在大陆取得发展后，前去香港或其他地区上市，成为港资或外资企业，但其实际上还是属于台资企业。为了更好地定义台资企业，在统计上，不论其原始注册地、控股方情况如何，本书界定因为身份认同而加入当地台商协会的企业为台资企业。根据台商协会的初步统计，目前在大湾区有数千家台资企业，主要集中在制造业、高新技术产业和服务业。

台资企业善于耕耘市场，面向世界，只要方向正确，自然能分享大湾区建设释放的庞大红利。目前，大湾区已经进入快速发展轨道，各类型企业在政策环境变化下都有所发展，这将导致市场环境发生巨大变化。那么，在这种巨变之下，台资企业要参与大湾区的建设与发展，尤其需要从产业与企业的实际情况出发，在大湾区中打造出色的竞争力。在企业实际运营中，企业管理层需要及时调整与执行相关策略，这正是本书的出发点与落脚点。

本书通过分析大湾区台资企业竞争力的构成，细化企业竞争力的结构和提升路径，为提升台资企业竞争力提供支持，同时也帮助台资企业积极参与大湾区产业布局与升级，加速其在区域经济发展中的融合。

1.2 研究意义

台资企业在粤港澳地区发展了 40 多年，面对日新月异的环境，现在的台资企业竞争力面临新的挑战，需要进一步构建并提升企业竞争力；而随着企业竞争环境复杂格局的形成，出现了诸多新的商业形态，依靠原有的经验已经无法掌握和判断最新经济业态，台资企业迫切需要对企业战略进行调整，对管理模式与方式进行更新。这要求企业经营相关方运用系统、科学的研究方法，从实际出发，研究自身的竞争力。

1. 丰富企业竞争力理论

粤港澳大湾区台资企业竞争力的研究能够检验和分析现有的企业竞争力理论。本书作为一个跨学科的综合性研究，是区域经济学、产业经济学与企业管理的交叉与融合。

2. 提升台资企业管理的重要手段

在现实的国际、国内环境的影响下，台资企业持久生存与发展的压力越来越大，与大湾区的本地企业相比，台资企业具有一定的特殊性，不能照搬一般的管理理论以及方法来指导大湾区中的台资企业的管理。面对当前的新形势，台资企业应该不断培育和提升自身的竞争力以在大湾区中求得稳步生存、快速成长和持久发展。对众多台资企业来说，这仍是当前迫切需要解决的问题。

3. 服务于企业发展战略的制定

企业竞争力评价与分析对企业长期战略管理有深刻的影响，对企业有关部门产生激励、自律以及推动竞争的作用，在相当程度上推进企业改变传统管理方式。利用企业竞争力的评价方法，研究台资企业内部竞争力和外部竞争力的问题，寻求企业竞争过程的解决方案，使得企业能够通过竞争力管理活动形成监督、激励、创新的系统成长机制，从而有效地提升企业竞争力。

4. 支持区域竞争力的研究

企业竞争力的研究是区域竞争力研究的重要内容。一直以来，区域竞争力研究都受到了各级政府及企业家的重视，对该方面的研究显然不能离开对企业竞争力的研究，因为企业竞争力是一个地区竞争力的重要基础之一，关于企业竞争力的理论与方法可以为区域竞争力研究提供支持与参考。

5. 助力台资企业促进大湾区整体发展

在粤港澳大湾区中，广东省是大湾区最重要的组成部分，也是台商投资数量最多、最密集的地域。台资企业在广东发展的历史已经有 40 多年，与广东省的经济已融为一体，根据台商协会公布的数据，台商在广东设立的企业累计多达 3 万余家，目前活跃的台资企业多达 1.5 万余家。台资企业已经成为大湾区重要的投资组成部分，而且台资企业往往具备良好的技术基础和领先的科技创新能力。同时，台资企业能起到推动两岸经济融合的作用，让祖国大陆发展的红利惠及爱国的台湾同胞。

基于对台资企业一手调研的数据，本书对大湾区中的台资企业竞争力进行分析，这有利于在大湾区中推动海峡两岸及港澳台的良性互动，促进彼此间的经贸关系更紧密。而且，笔者将以台资企业管理者的视角来看待台资企业在大陆的经营，并对未来做一些积极的思考或构想。

1.3 粤港澳大湾区与台资企业

1. 粤港澳大湾区

粤港澳大湾区是基于已有的城市群落与区位优势，在系列政策支持下形成的经济区域，其划定的区域范围包括香港、澳门、广州、深圳、珠海、佛山、中山、东莞、惠州、江门、肇庆。2009 年提出的《大珠三角洲城镇群协调发展规划研究》将大湾区发展计划列入空间规划的布局中。2010 年，粤港澳三地政府共同制定了《环珠江口宜居湾区建设重点行动计划》，用于实现三地区的跨区域合作。2016 年，广东省政府提出了"珠三角地区城市升级行动"的工作规划。2017 年，广东政府、香港政府分别提出了关于珠三角地区建设规划的工作规划。同年，7月1日，国家发展改革委与粤港澳三地政府共同签发了《深化粤港澳合作推进大湾区建设框架协议》。2018年，国家发改委基本完成了粤港澳大湾区发展纲要规划的编制工作。同年，粤港澳三地政府分别对其他地区进行了考察，为充分实现跨区域合作，共同促进经济发展奠定了基础。

粤港澳大湾区的建设，对于珠三角地区的经济发展具有显著的刺激作用，为广东的经济发展提供了新机遇，也为其在面对国际、国内压力时提供了新的经济增长动力。而为应对近年来异常严重的贸易保护主义，亟待建设稳定的对外贸易新格局，我国需打造"内循环＋外循环"的"双循环"模式。在这种情况下，粤港澳大湾区的重要性优势突显，而深入大陆市场又与国际有紧密联系的台资企业应该可以在这方面发挥相当的作用。

2. 台资企业

改革开放之后，台商迅速抓住机会，布局大陆东南沿海，投资创业，其产业主要集中于制造业与服务业。台商将电子零组件、通信消费电子等诸多高科技产业向大陆全面转移，这种转移不再是简单平行移动设厂，而是将采购、生产、管理、研发和销售等各环节进行联动转移。

目前，粤港澳大湾区建设已上升为国家战略目标，必将带来更高水平的对外开放，并促进更高层次的制度变革与创新。根据战略规划，大湾区建设着力发展先进制造业、战略性新兴产业和现代服务业。当前台湾也在推动新的产业政策落地，谋求在物联网、生物技术、绿色能源科技、智能机械等领域取得发展。然而，台湾在产业上有市场规模较小、要素禀赋存在短板等问题，因此位于大湾区的台资企业具有明显的优势，应该积极面对并处理相关问题，加大对台资企业竞争力的深入研究。

首先是粤港澳大湾区台资企业区位转移问题。随着中西部地区劳动力成本和资源优势日益明显，这已逐渐成为部分台资企业进行投资或区位转移考虑的因素。总体上看，台商投资大陆区域已呈现由东部沿海地区向北部和中西部地区转移的趋势。

其次是粤港澳大湾区台资企业产业性问题。大湾区台资企业主要集中在传统产业，产业集群效应小，而且还面临用工成本上升、企业创新发展动力不足等问题。特别是产业性质变化、技术进步在一定程度上改变了组织的管理制度，从而影响了管理效能的发挥。同时，人力成本制约了技术进步，陈旧的知识与技术制约了制造业深化发展，也制约了资本进入，从而影响了企业进一步的发展。

最后是粤港澳大湾区台资企业升级转型问题。企业升级转型是大湾区台资企业必须应对的问题。台资企业大量集中在传统产业，产品陈旧，技术落后，观念保守，价值链位置偏低。然而，在大湾区不断发展战略性新兴产业的背景下，台资企业需要借助新一代信息技术的发展，调整人力资源、生产系统以及商业模式，采取合适的经营策略，克服自主创新能力不强与转型升级的支撑动力断档问题，积极融入大湾区发展，保持并提升企业竞争力，实现"基业长青"与"永续经营"。

粤港澳大湾区战略的提出与建设对台资企业来说是一个重要的历史机遇。乘着大湾区产业升级快速进行的东风，各类型企业针对政策环境变化都有所发展，台资企业在此背景之下如何保持竞争力，确实需要进行切合实际的研究。

台湾的各种资源有限，同时台湾周边都是海域，限制了其发展。一方面，随着台湾经济的发展，台湾面临着产业结构升级的难题；另一方面，台湾的许多企业也需要拓宽发展空间。中国对外开放之后，广东作为经济改革开放的前沿阵地，由于其便利的海陆运输条件及发达的区位因素，大量的台资企业选择进入广东发展。改革开放之初，中国大陆对台商开放。但是，受两岸关系的影响，台商一直不能依据台湾当地法规到大陆进行投资。直到1992年台湾当局颁布《台湾地区与大陆地区人民关系条例》，该条例颁布之后，台湾当局将台商对大陆投资合法化。早在1992年之前，许多台商已经通过多种渠道对中国大陆进行投资。其中一种常用的方式是台商在香港和澳门地区注册企业，以港资和澳资企业的身份对中国大陆地区进行投资，投资区域以广东省居多。

2019年，在大陆提出粤港澳大湾区建设计划后，台资企业及时地捕捉到信息，加大对大陆的投资。当下，大湾区发展面临着新的机遇，大湾区是"一国两制"下新时代国家层面的计划，台资企业只有投身大湾区建设，才能获得中国大陆更多的资源。同时，台资企业投身大湾区建设，又可以借助港澳联通国际市场。大湾区这种便利的区位优势，给台资企业的发展提供了极大的便利。改革开放以来，台资企业与大湾区配套企业存在许多业务上的往来，已经形成了你中有我、我中有你的新局面。台湾同胞在大湾区生活工作均能感受到这种便利，同时大湾区也已经形成了完备的产业链结构。这种优势是其他地域所不具备的，使得台商极其重视大湾区的建设，面对这样的时代背景，台资企业更多的是要抓住机遇，以获得祖国快速发展的政策红利。

粤港澳大湾区是在一个国家、两种制度、三个单独关税区的情况下设立的。同时，大湾区产业资源极其丰富，产业门类齐全、配套设施完备、居住人口较多。这些是东京湾区、旧金山湾区和纽约湾区所不能比拟的。但是，由于大湾区正处于起步的建设阶段，面临着很多问题。此外，粤港澳大湾区与其他成熟的湾区相比，存在着行政体系、法律体系、参与主体的不同。这一系列的不同，使得台资企业在此地区的投资发展与在其他湾区的企业相比明显不同。

2019年《财富》杂志世界500强企业榜单上，共有129家中国企业上榜，超过美国的121家，表明中国企业在全球已经具备极强的竞争力。2020年《财富》杂志发布的中国500强企业中，粤港澳大湾区有98家企业上榜，在上榜的企业中，中国大陆的企业多达64家，这些企业涉及机械制造业、传统工业和服务业等多个行业。中国的企业经过改革开放多年的积累，充分利用发展中国家后发优势的特点，来提升自身竞争力。同时，《中国制造2025》计划出现后，中国的制造业领域迅速引领全球。其中出现了互联网智能制造领域的巨头，同时该趋势也涉及了多个产品门类。中国制造已经成为全球认可的制造品牌。中国也逐步成为全球最重要的制造业大国之一，粤港澳大湾区更是汇聚了一批中国制造业的典型企业。本书的主要研究对象是粤港澳大湾区中的台资企业，而台资企业在大陆的一个重要竞争对手是大陆本土企业。大陆本土企业经过这么多年的发展，充分发挥后发优势，不断开拓创新，积极进取，许多产业已经成为世界企业产业链的重要组成部分，在国际上广获赞誉。为了更好研究台资企业，本书根据不同湾区发展情况的不同、不同企业性质生产门类的不同，聚焦大湾区多门类台资企业，并将其与大湾区本土企业及与非湾区台资企业进行比较，以此横向和纵向比较大湾区台资企业的综合竞争力问题，为大湾区台资企业的发展提供更好的思路，同时，也期望台资企业能与竞争对手互利共赢，借助大湾区的建设以实现整体产业链的提升。

1.4　理论基础

企业竞争力研究是当代企业管理与经济发展中一个极为重要的概念。企业竞争力理论经过多年的发展，已形成一定的理论体系。管理学视角下不同学者对企业竞争力问题的研究，已形成了多种企业竞争力理论。

1. 企业竞争力外生理论

美国企业管理学家迈克尔·波特（Michael E. Porter）发现企业竞争力与企业所处的行业有直接关系，企业的竞争力受到外部因素影响。一方面，伴随美国企业的快速成长，波特提出了企业竞争优势理论和企业竞争战略理论，并且奠定了其在企业竞争力研究领域的权威。该理论强调影响一个企业竞争力的主要因素是由企业外部环境的因素所决定的。这些因素包括波特五力模型中的五种因素：同行业内现有竞争者的竞争能力、潜在竞争者的进入能力、替代品的替代能力、供应商的讨价还价能力与购买者的议价能力。这五种因素对企业的管理有极为重要的影响。另一方面，波特根据管理学战略管理理论提出了竞争优势的三种通用战略，即总成本领先战略、差异化战略和目标集聚战略。更需要强调的是，企业在提升自己竞争力的时候，可以从多种维度来进行思考。

波特重视企业价值链对企业竞争力的影响，并总结出企业竞争力的价值链理论。该理论强调，企业如果要获得足够的竞争优势，必须在研发、采购与生产等整个供应链不同环节具备掌控能力。在整个过程中，不同的生产环节可以相互分开，但是又有所联结，每一项环节对企业都会有所贡献，如果协调好每一个环节，那么在与其他企业的整体竞争中，可以获得明显的竞争优势。通过企业竞争力外生理论，我们可以发现企业的竞争力问题受到多种外生因素的共同影响。

2. 企业竞争力内生理论

一方面，从企业竞争力外生角度出发，外生因素在现实世界中是真实存在的。但是，该理论的前提假设是研究分析的企业不能对外部的环境产生影响，同时企业自身的发展在整个行业中没有变化。这样苛刻的假设在现实商业环境中面临非常大的挑战。真实的情况是现在全球各种行业都已进入激烈的竞争时期，不同的企业其盈利能力、技术水平、行业规模与人才储备都有所不同。因此面对同样的外部竞争条件，不同的企业必然受到自身因素影响，采取的应对措施也有所不同。另一方面，企业竞争力外生理论更多是以产业为中心的企业竞争力理论。这样也使得以产业结构为中心的竞争理论与当下以企业为中心的竞争力分析有所不同。企业竞争力外生理论的某些分析方法在快速变化的商业环境下，必然与实际活动有所脱节。鉴于竞争力外生理论存在许多问题，学者们在不断丰富企业竞争力的内生理论。

企业竞争力内生理论更多地强调企业竞争力最终来自企业的内部，由企业内部的资源要素决定，并由企业自身的禀赋决定。该理论在企业竞争力外生理论研究不足的基础上进行了丰富和完善。目前，企业竞争力内生理论涌现了多种不同视角的基础理论学说，包括企业基础理论、企业能力理论与企业知识理论等一系列关于企业竞争力方面的理论。本书对企业竞争力内生理论总结如下：

第一，企业基础理论所强调的企业竞争力是一种企业特殊资源的理论。这种观点主要突出企业是由众多的资源集合形成的，企业拥有自身的资源，并获得企业竞争优势。只有当企业获得足够的自身资源优势时，企业才能获得更好的竞争优势。

第二，企业能力理论则突出在企业都有内部资源的情况下，如果企业内部的资源能较好地改变企业整体资源的禀赋，那么企业将会获得足够的竞争优势。企业能力理论关键在于强调企业个体的能力，而企业个体的能力是在企业自身有多年积累经验的基础上形成的。企业竞争力形成过程受企业个体差异的影响，企业能力理论更多的是强调企业通过对自身资源的整合而形成竞争优势。

第三，企业知识理论则突出企业在社会发展过程中需要具备良好的企业核心特质，尤其是将企业知识作为一种要素。企业知识理论强调企业需要有缄默知识作为其核心能力的基础，而企业如果要获得竞争力必须具备将知识通过生产力转换成综合实力的能力。企业如果没有较强的企业知识能力，则很难在激烈的商业市场中获得较好的竞争优势。

3. 企业核心竞争力理论

企业核心竞争力理论研究最早可追溯到 20 世纪 90 年代的美国企业管理学者。从 90 年代开始，大量管理学家开始对美国企业核心竞争力问题进行研究。企业核心竞争力理论指出企业核心竞争力是企业对其拥有的资源、技术、人才及禀赋等多项资源要素的一种整合。在这个过程中，企业根据自身的特点凝结成企业竞争力。企业核心竞争力理论广泛应用于企业管理领域。该理论一出现就倍受企业家和学者的认可。中国的企业家和学者也对该理论有深刻的认识，著名经济学家吴敬琏（1999）指出"核心竞争力是企业获得长期稳定竞争优势的基础"。核心竞争力理论强调的是企业在经营过程中不同于其他企业的独有资源，这种独有资源可以实现企业发展的稳定性并保持企业竞争力。企业的核心竞争力资源是指企业在激烈的商业环境中形成的独特的企业资源，对于企业塑造其核心竞争力有重要的影响。企业核心竞争力也是企业个体所拥有的，并且不容易被同行业其他企业所模仿的一种能力。同时，企业核心竞争力属于企业独有的核心资源。为此，只有系统地增强企业的整体核心竞争力，才能更好地推动企业的发展。企业核心竞争力理论相较于传统的企业竞争力理论，在企业竞争更加激烈的当代具有更加直接的指导意义。该理论更适用于当代商业社会对个体企业或者某一类企业竞争力的研究。

4. 现代企业管理理论

现代企业管理理论对企业的发展提出了更高的要求。企业竞争力问题是现代企业管理理论的一个重要内容。许多学者已对该内容进行了大量的研究，在以市场经济为主体的制度中，竞争是企业不断适应市场经济的主要特征。现代管理学理论认为竞争是企业获得核心特质能力的重要驱动力，能让其获得较强的竞争能力。如果这个企业不具备较强的核心特质，该企业将不能在市场经济中获得较高的认可，那么将很难取得较强的竞争力。现代企业管理理论认为企业的竞争力受到多方面因素的影响，其中一个重要的因素是分析竞争对手。竞争对手在企业发展的过程中发挥了重要的作用。一方面，竞争对手能够影响企业的战略和利润，另一方面，竞争对手也可以促进企业的良性发展，激发企业活力，从而提升企业的整体运营能力和效率。现代企业管理理论通过区域竞争理论与区域创新环境理论对区域内企业竞争力问题进行了理论阐述，该理论更多地突出了某一区域内产业集群问题，以此来突出本区域企业竞争力的产业集群效应。现代企业管理理论认为企业竞争力与顾客的需求也有直接关系，如果生产的产品不被市场所认可，顾客很难对该产品进行消费的话，企业也将很难获得较强的竞争力。市场环境中竞争力较强的企业，可以通过研发新产品引导消费者进行消费，通过市场引导培育广大消费者，将产品与消费者进行直接关联。该理论指出市场环境也会影响企业的竞争力。如果市场环境发生了变化，那么市场中的各种资源要素也会发生变化。市场的变化对于企业整体运营情况会有重要的影响。在市场经济情况下，市场环境变动必然会影响企业整体的运行情况，进而影响到企业的竞争力。现代企业管理理论认为企业的竞争力问题是一个复杂的问题，需要对企业所处的社会环境进行全面综合评估才能进行评价。本书对粤港澳大湾区中台资企业的分析应用了上述理论。

1.5 研究内容

如何对企业的竞争力进行评价，是一项十分复杂的系统工程。不但要对企业的发展现状做出衡量，还要对企业的未来发展做出预估，并且还要依靠一定的科学评价方法。我们要不断地探讨，通过不断修改和完善，最终建立起一个全面、具体、科学的企业竞争力评价指标体系和评价模型，做好统计分析，从而为预期判断提供支持，进而帮助企业制定出最优、最具可操作性的发展战略。为此，本书将从以下几个方面谋篇布局，详细论述在粤港澳大湾区台资企业竞争力问题。

第一，根据扎根理论构建台资企业综合经营指标体系。首先，该章节将详细阐述扎根理论的机理，提出企业竞争力研究框架，然后收集相关研究资料，再将所获得的资料与数据，通过扎根理论的研究方法——开放式编码、主轴编码和选择性编码，提炼出台资企业综合指标，并构建指标体系，其涵盖基础条件、社会环境、企业运营、产业结构、机遇保障、核心人才资源、营商环境七方面。对台资企业竞争力的七个一级指标进行详细分析；针对数据的信度与效度进行检验，其中数据信度检验主要采用

Alpha 可靠性分析法,并通过计算数据指标的 Kaiser-Meyer-Olkin (KMO) 值以及 Bartlett 球形检验值来检验数据效度;运用统计软件对衡量台资企业竞争力的七个指标进行相关性测算。

第二,基于模糊物元法对台资企业竞争力进行评价。由于关于企业竞争力评价的研究方法较多,各具特点与优势,首先需要对研究的方法进行选取,并进行数据的预处理。然后基于指标特征,选取模糊物元法进行客观分析评价,对各因素指标进行降维处理和权重复制,以获得更为科学系统的指标体系,并根据模糊物元法对粤港澳大湾区台资企业竞争力进行评价分析,获取相应的结果。再逐步对各台资企业样本的各项竞争力进行评价,进而获得整体评价。最后依据前文修正后的指标体系以及综合得分公式,对样本企业的各个竞争力进行多维度评价分析。通过建立 DEA(Data Envelopment Analysis)模型对台资企业的竞争力、纯技术效率、规模效率进行分解,整理出完整的企业竞争力数据。

第三,对台资企业的竞争力进行实证分析。首先提出五个研究假设:H_1:良好的营商环境对企业竞争力有显著的促进作用,可以通过改善营商环境促进企业竞争力提升;H_2:企业家精神和企业竞争力有显著的正向关系,企业家精神的培育有助于企业竞争力的提升;H_3:对大湾区台资企业而言,科技创新越强,其企业竞争力提升越快;H_4:大湾区台资企业的核心特质在营商环境的作用下对企业竞争力存在门槛效应;H_5:大湾区台资企业多元化经营与企业竞争力有显著的正向关系,即进行了多元化经营的台资企业,更具有竞争力。然后根据研究假设进行模型设计,包括对样本的选取、数据来源的说明、变量的设定以及基本模型的设计等，讨论本研究的内生性问题，再进行稳健性检验。最后对研究结果进行分析与讨论。

第四，在前面研究的基础上，对粤港澳大湾区台资企业竞争力的构建与提升问题，提出了具体的行动策略，其中包括湾区规划、台企特质、生产要素、发展潜力、市场能力、活力基金的设立等。通过策略建议的提出，促使台资企业在粤港澳大湾区中找准自己的位置，更好地融入大湾区的建设，使之更善于利用资源，提升自身的竞争力，实现企业合理布局，保持优势，改进短板，增加效益。

第五，全书最后对本研究进行了总结与展望。从大湾区台资企业的实际情况出发，提出了构建台资企业的竞争力体系，并进行了相应的实证分析，给出了相关建议，这既具有理论性，又具有实践性，既是实证研究，又是规范研究。

1.6 研究路线图

当前，粤港澳大湾区台资企业面临空间紧张、供应链重构、市场竞争激烈等问题，同时也面临着大湾区发展这一重要历史发展机遇。如何把握机遇，解决现实问题，保持并提升企业竞争力，是各个台资企业都需要考虑的问题。基于此，本书以台资企业竞争力为研究内容展开论述，并形成研究路线图，如图1-1所示。

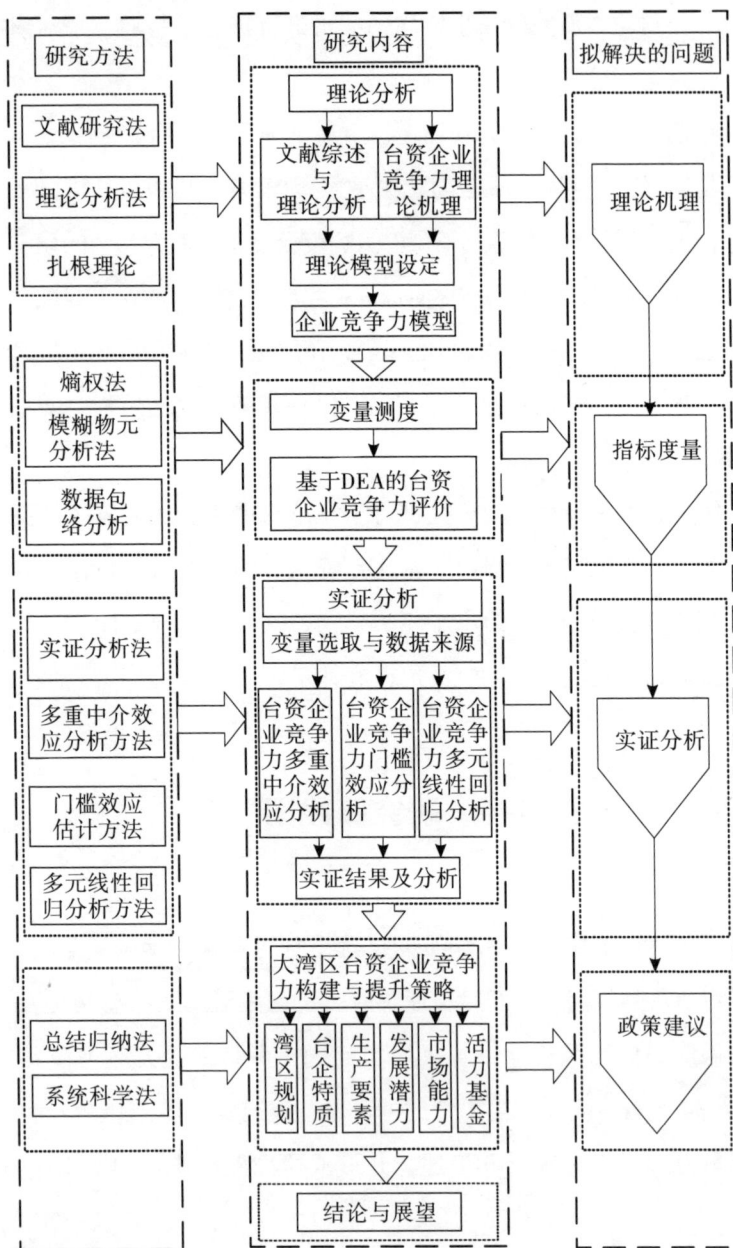

图 1-1 研究路线图

2　企业竞争力研究的相关理论

当今社会，科技发达，资讯丰富，新技术应用广泛，市场需求的不确定性导致企业面临的市场环境日新月异，瞬息万变，也使企业的市场竞争程度更加激烈。自 1960 年 Stephen H. Hymer 在《民族企业的国际经营：一项对外直接投资的研究》中第一次提及企业竞争力以来，企业竞争力已成为政界、企业界和学术界关注与研究的热点问题。20 世纪 80 年代初，企业竞争力理论逐步得到完善。中国学者对企业竞争力的研究则在改革开放之后，随着企业活力的激发而丰富，并逐渐形成了一套适合中国企业竞争力研究的理论体系。虽然国内外学者对企业竞争力的基础理论研究及应用性研究进行了众多方面的探索，已取得了许多重要成果，但市场变化过于迅速，全球化对企业有了更高的要求，互联网时代也将企业信息成本大大降低，这一系列因素使得部分过于宽泛的企业竞争力理论研究成果很难有效应用于企业的实际经营中。

本书将从理论与实践相结合的角度去探究企业竞争力的概念、基础理论、影响因素、评价方法、台资企业特质等方面，并对国内外研究成果进行综述，以便于深入分析大湾区台资企业竞争力问题，把握台资企业竞争力的研究方向，从而更好地为大湾区台资企业竞争力的构建、培育和提升提供理论与实践支持。

2.1 企业管理与竞争力理论梳理

企业管理问题的研究起源于西方欧美国家。从美英两国强调的"股东至上"理论开始谈起，该理论研究最早可追溯到 20 世纪 60 年代，这种企业管理理论阐述的企业关系更多强调的是股东利益。随着德国、日本和东南亚地区经济迅速崛起，美英企业的这种理念受到了冲击。然后，有学者对这种现象进行研究，发现"股东至上"理论更多强调的是公司治理模式，公司代理人在短期目标的压力下很难顾及公司长远的发展，这样必然使得公司长远利益受损。而以多元化经营与管理见长的日本和德国公司，则更多的是强调利益相关者，并且不断地在企业日常管理中融入人本主义，使得主流企业管理理论由股东至上理论转换为利益相关者理论。这个学术界的理论研究成果也使得西方企业开始重新面对自身企业的问题。此时，西方国家的企业在经营与管理上也面临了很大压力。企业的伦理、社会责任与环境治理等种种问题成为企业管理学者要研究的课题。企业经营产生的这些问题也引起了政府和民众的关注。政府相继出台了越来越多的监管措施，企业生存的大环境发生了许多变化。在这种变化的环境中，有的大企业因非常难适应新的企业管理模式，使得自身竞争力不足而被淘汰。为此，许多管理学家开始对企业管理与企业竞争力问题进行研究。

2.1.1 股东至上理论

欧美国家企业的管理理论最早以"谁是企业的主人"问题为出发点开始研究。Friedrich Hayek（1974）指出由于在资本主义社会中，社会各界均强调私有财产神圣不可侵犯，因此，西方的古典经济学一直强调企业的出资人即是企业的所有者，他在公司的权利是任何人都不可侵犯的。该理论强调企业更多的是一种出资人意志的集合。同时，西方社会市场也有要尊重企业股东的权利这样的论调。当时的政府制定了多项保护企业股东权利的法律。因此，从社会到民众再到市场上一直奉行股东至上的理论，这种理论也成为当时欧美国家进行企业治理的主流理论，强调将股东利益最大化。Jay Barney（1991）认为如果企业的股东与企业的管理者利益一致，则该理论应用于企业管理没有问题。但是，随着企业不断发展，越来越多的企业在第一代创业股东退休之后会引入职业经理人。职业经理人的理念与企业出资人利益不同，职业经理人更多倾向于公司的短期业绩和个人的收入，这样会使得其经营制定政策时更多倾向于短期的个体行为。而股东因为没有过多参与公司的日常经营活动，所以在很多经营环节中很难及时察觉公司经营理念的变化。这种股东至上理论与职业经理人模式也使得越来越多的英美企业在激烈市场竞争中不断出现问题。

2.1.2　利益相关者理论

随着德国、日本及东南亚等新兴发展中国家与地区崛起，这些国家与地区的公司采用的新型企业管理理念逐渐走入大众视线。Donald（2003）认为企业是以企业所有权为中心形成的一种相关利益者集合。这些利益者包括了公司的出资人、股东、管理层、客户经理与债务人等。这种新的理念一方面是对企业股权日益分化的一种应对，另一方面也是强调企业股东与其他利益相关者都有权利分享红利并对公司的发展承担相应责任。同时这种理念也使得个体成为与公司密不可分的利益相关者。基于这样的理念，管理者对公司企业管理的认知产生了许多重要的改变并形成了利益相关者理论。许多公司的架构也围绕利益相关者来展开。Labroo（2009）认为该理论借鉴波特的战略管理思想，更多地将企业的目标与所有利益相关人密切结合，进而形成利益相关者，通过利益相关者使企业在社会中维持良好的运转。在这种关联集合中，大家相互信任，有共同目标并从中受益，使得大家更为看重企业长远利益，这样的企业管理理论有利于企业健康发展。这使得利益相关者理论成为管理学界的一种新的思想，受到后人的不断研究。

2.1.3 商业生态系统理论

近几年，越来越多的企业开始重视商业生态系统理论。部分企业通过构建整体系统，使商业生态实现资源共享并构建稳定的企业价值，以此来降低交易成本，提升企业整体的竞争优势。在现实企业中，苹果公司在商业生态系统的转型方面取得了巨大成功。商业生态系统理论最早起源于1993年，该理论认为只有组织和个人相互作用才能共同促进企业发展，进而能够连成共同体。该理论更多强调商业公司可以通过专业互补、资源共享、价值共创和共同演化这些措施来实现整个商业系统的稳定。Jason（2003）意识到商业生态系统在企业发展中具有重要的作用。越来越多的学者开始重视商业生态系统的研究，其中主导企业需要积极进行内部的价值创造并引导商业生态系统的建设。商业生态系统与普通商业模式具有明显的不同，需要企业在资源、能力、价值、创新和混搭组织五种视角下进行构建。企业通过构建这种体系化的商业生态系统来实现整体的商业利益，完成商业变革。同时，构建商业生态系统可以提高企业的核心竞争力，有效保障企业自身利益，并在其与其他竞争企业之间形成护城河。在构建商业生态系统后，企业还可获得足够利润从事产品研发，进而提升企业整体的创新能力。

2.1.4 区域经济理论

区域经济理论是空间经济学、产业经济学和管理学中的一个重要理论，该理论最早从产业集群理论演变而来。Pierre（2009）指出以亚当·斯密为代表的古典经济学家认为分工和专业化能够产生规模经济，同时有助于部门的细化，进而激发某一空间内众多经济参与者的活力而形成集群。新古典经济学大师马歇尔则强调企业通过工业专业化分工可以形成外部规模经济，从而实现产业的集群，马歇尔的专业化分工没有考虑区域间企业迁入与迁出的动态因素，忽略了企业中产业组织的外部连接。韦伯则从区位的角度阐明了企业靠近集群的好处与成本，他更多是从市场化的因素来判断区间因素的重要性。区域经济理论发展到了增长极理论，增长极理论通过强调经济增长的过程，形成以都市为中心的产业形态，进而推动整个区域经济的发展。20世纪90年代，

Paul Krugman 在前人基础上提出了新的空间经济理论，该理论突出企业内部存在规模报酬递增情况。陈建军（2008）通过研究发现随着商品经济的不断发展，到了 20 世纪 70 年代，鉴于当时全球产业园区大发展的背景，越来越多的企业重视新产业区。其理论更多强调企业与园区间的一种关系，而且随着管理学制度的不断发展，需要新的理论来解释这种情况。

2.1.5 区域竞争优势理论

区域竞争优势理论由西方学者提出，强调企业在组织变革、价值链、经济效率和柔性等方面创造出的竞争优势，以此来打造区域产业集群所形成的优势。Labroo（2009）认为一个地域要想获得产业上的成功必须在地理位置上呈现集中的趋势，将销售商、顾客和供应商在地理位置上集中而实现该产业区域的相对优势。这种理论的工作原理基于三个方面：第一，通过区域内邻近的生产要素的投入获得产业集群的基础设施和新型企业管理理论来提高生产效率。第二，通过集群内企业彼此的持续创新，形成创新中心。第三，通过提高企业进入和退出风险来提高企业的壁垒，从而优化企业成员间相互发展的条件，进而提高区域内生产环境的效率。陈晓萍（2011）指出集群的这种区域竞争效果往往产生在特定的地理区间中。现在产业园区形成的一个重要因素就是区间因素，区间相近，可以节省企业间的交易成本。通常企业会聚集在某些城市中，进而降低企业的交易费用，有助于企业生产效率的整体提高。

2.1.6 区域创新环境理论

区域创新环境理论强调区域创新与环境的关系。该理论认为一个区域中企业的创新受到环境的影响。如果本区域拥有良好的创新环境，那么可以形成产业的集聚，进而促进区域经济增长。李刚（2005）指出在当前全球化背景下，跨国公司频繁投资与相互竞争，一个地区想要获得足够的竞争力，必须具备动态创新能力，这种能力与当前特定的环境以及在这个环境中最终的创新能力是密不可分的。伍湘陵（2019）认为只有在特定的区域环境中，个体企业组织才能优先通过接近的地理环境进行接触，通过彼此信息交流碰撞，获得更多有利于自身企业发展的知识，进而促进整个区域相关产业知识的发展，以此形成较强的产业集聚能力，提高整体产业创新的水平。

2.2 企业竞争力问题的研究

2.2.1 企业竞争力的界定

企业竞争力是企业管理研究的一个重要概念，国内外大量学者从不同角度对企业竞争力进行了研究。但迄今为止，对于企业竞争力概念的界定在学界中仍未达成一致。本书从以下三个角度出发对国内外专家学者关于企业竞争力的研究展开述评。

1. 竞争对手的角度

企业竞争力体现不同企业之间的竞争关系，是需要进行比较而产生的相对概念。部分学者指出可以从竞争对手的角度研究企业竞争力问题。世界经济论坛（1994）将企业竞争力定义为"一个公司在世界市场上均衡地生产出比其竞争对手更多的财富"。Peter Roberts（2002）对企业信誉进行研究，发现通过对不同商业机构的竞争力进行横向匹配，可以把企业拥有的能比竞争对手更有效地满足消费者需求的能力归纳为企业的竞争力。金碚（2008）在主持对中国企业竞争力问题的研究时，就提出了不少有建设性意义的思路。但是，如果只从竞争对手的角度来理解企业竞争力，只侧重企业外部竞争环境的分析，往往会忽略企业内部组织的重要作用，该定义在某些方面存在一定的局限性。

2. 企业自身资源和能力的角度

企业竞争力可以看作在市场模式下企业将自身资源和能力进行整合的能力，故而有学者尝试从企业自身资源和能力的角度对企业竞争力进行定义。Prahalad（2000）和 G. Hamel（1990）将企业竞争力界定为"组织中的积累性学习，特别是关于如何协调不同生产技能和有机结合多种技能的知识"。蔡宏明（2001）在对台资企业全球竞争力进行研究时，指出企业的竞争力侧重企业内部环境分析，致使部分台资企业缺乏对外部竞争环境的认识，容易导致企业盲目扩张。由此可知，这种从自身资源和能力出发的视角对竞争力的分析仍然有些欠妥。

3. 综合概括分析的角度

资源是企业竞争力形成的基础条件，能力是企业竞争力形成的必要条件,而企业的外部竞争环境影响着企业资源、能力的发挥。Igor Arenkov、Iana Salikhova 和 Dinara Yaburova(2019)在对全球零售企业的竞争力问题研究中发现,市场经济中的企业竞争力是企业在面向市场和顾客时,合理地运用企业内部的经营资源,向市场和顾客提供所需要的产品和服务,在与竞争对手的角逐中建立竞争优势的能力。邓新明(2018)指出,企业竞争力是企业通过自身要素的优化及与外部环境的交互作用,在有限的市场资源配置中占有相对优势,进而处于良性循环的可持续发展状态的能力。

还有其他国内外的学者从企业人力资本、产业经济、管理战略、成本定价、信息掌控等角度对企业竞争力进行了不同视角下的定义。通过众多学者的研究,我们可以发现企业竞争力是一个较复杂的概念,企业自身资源、市场环境、企业能力、外部环境都可以对企业的竞争力产生一定影响。面对日益复杂的市场环境和多层次的现代企业制度,现在已经很难有单一的因素直接控制企业竞争力。由此,本书在结合前人研究的基础上,对企业竞争力进行如下界定:企业竞争力是企业通过整合自身资源和内在能力,在与外部市场竞争环境的交互作用下,最终在市场竞争中形成的比竞争对手更能满足消费者需求的能力。

2.2.2 企业竞争力理论

竞争力理论可以追溯到古典经济理论,其代表是李嘉图的比较优势理论和马歇尔的集群优势理论,直到 20 世纪 80 年代才逐

渐形成一套完整的理论体系来揭示竞争力的形成和演变规律。关
于企业竞争力理论，学术界主要围绕产业分析、资源及能力等因
素来阐述观点。

1. 基于产业分析的企业竞争力理论

产业组织理论研究始于20世纪30年代，这种理论将产业看
作同质企业的集合，从而以进入壁垒等市场分析而不是企业内部
因素差异来解释不同的市场优势、超额利润及持续竞争优势。20
世纪80年代初，美国哈佛大学商学院迈克尔·波特教授将产业
组织分析法引入战略管理领域，基于他的"五力模型"，提出成
本领先、差异化、目标集聚是企业获得竞争优势的三种主要战
略。我国对竞争力的研究初期受以波特为主的结构学派的影响，
主要以产业分析为主，如李维安和马超（2014）以企业所在的产
业为研究对象、以产业盈利潜力为关注目标，通过研究分析竞争
力的来源及作用方式，提出了波特模型的改进模型。薄湘平和易
银飞（2007）在借鉴产业组织理论和西方学者研究成果的基础
上，指出需要采用完整有效的方法并结合最新产业国际竞争力内
容来构建经济分析框架。

2. 基于资源的企业竞争力理论

Jay Barney（1991）在基于产业分析的基础上进行了更为深
入的研究，认为企业可以通过提高所占有资源的质量或者比竞争
对手更有效地使用资源来获得竞争优势，并且当这种资源难以被
模仿和替代时，企业就获得了持续的竞争优势。从2000年开始，
国内一些学者开始把注意力投向资源学派的某些观点，并对企业

内部资源特别是关键资源的有效配置进行了研究，如方润生、李恒（2000）等特别强调技术创新对企业竞争力的作用。

3. 基于能力的企业竞争力理论

20 世纪 80 年代末，企业能力理论兴起。该理论认为，企业的专有能力、资产和独特机制是决定企业绩效的基本因素。企业能力理论主要有 C. K. Prahalad 和 G. Hamel（1990）的核心能力论、Alfred D. Chandler（1992）的组织能力论。

从 20 世纪 90 年代中后期开始，国内学者开始关注企业内部独有、能为消费者带来特殊效用、使企业在某一市场上长期具有竞争优势、获得稳定超额利润的内在能力。如康容平和柯银斌（2000）根据 C. K. Prahalad 和 G. Hamel 的核心能力论的局限性，提出了企业战略能力矩阵。滕光进和叶焕庭（2000）根据企业竞争力的强弱，将契约理论与能力理论有效地融合，构建了企业竞争力能力体系。陈晓萍、徐淑英和樊景立（2011）从组织管理学角度对企业竞争力问题进行分析。Justine Falciola（2020）等学者对企业竞争力问题进行深入研究，提出了多维度框架下企业竞争力开发与提升问题。虽然是基于不同的理论基础，从不同的角度推演不同的观点，但总体上都是从企业自身资源、内在能力以及企业竞争环境等方面来解释企业的竞争优势的。

2.2.3 企业竞争力的影响因素

企业竞争力是由不同要素构成的，竞争力的形成取决于相互联系的多种因素的共同作用。金碚（2008）认为，企业竞争力的影响因素有四个：企业面临的各种"关系"和环境、企业拥有的各种资源、企业特有的能力及企业的文化理念。而世界经济论坛（WEF）认为企业竞争力的影响因素主要有五个，即变革因素、变革过程、环境、企业自信心和工业序位结构。Howard Thomas（1999）认为快速反应能力、产出加快能力和资源效果能力是影响企业竞争力的三个因素。柴小青（2002）则认为生存能力、适应能力和发展能力的共同作用决定着企业竞争力。

通过以上的统计、分类，我们发现目前对企业竞争力影响因素方面的研究主要集中在创新、企业文化、信息化管理、可持续发展理念以及客户关系管理等方面。从以上分析可以看出，虽然学者们从不同方面总结企业竞争力的影响因素，但若能对其进行系统性的分析则会更完整。而且构成企业竞争力的各影响因素之间并不是孤立的，而是相互影响、相互作用的，已有的研究并没有揭示各影响因素之间的相互关系。因此，这方面的研究还有待进一步明确和细化。

1. 竞争行为特点与业绩

企业竞争行为包括市场行为（如调整价格、促销活动）和非市场行为（如公关），许多学者针对其主要特征进行研究，并将这些特征概括为以下三点：

第一，竞争行为的整合性。这是指企业对其市场与非市场行为的整合程度。Pierre Chandon 等（2009）指出，高效率的市场行为可以大大提高企业绩效，但与此同时也需要利用非市场行为来加以辅助。产品和服务作为支撑非市场行为的关键点，使得非市场行为的价值得以体现。一般来说，企业为了更好地发展，其市场与非市场行为要具有一致的价值走向和发展目标，这也恰好是确保企业在竞争中达成利益最大化的两个重要方面。

第二，竞争行为的创新性。创新性表明了一个企业的自主行为与行业内其他企业行为的差异程度，而这种不同来源于新颖的行动组合或者在实际生产过程中极少被竞争对手所采用的行动。研究表明不符合常规的竞争行为可能会使得企业绩效大大提升，其原因在于它使得企业形成与众不同的竞争优势，并且竞争对手很难预见、模仿或复制。

第三，竞争行为的复杂性。这个概念主要是指企业采取竞争行为需要的所有资源数量，其具体表现为两种——战略性行为和战术性行为。学者 Pandian J. T. 和 Mahoney R.（1992）认为，随着企业应对竞争采取的战略性行为的复杂程度的提高，投入的资源随之增多，竞争者在较短时间内找出应对策略进而做出有效反馈的难度非常之大。而对于宣传或促销类的战术性行为而言，竞争者则可能在较短时间内做到资源整合，从而迅速地做出回应与反馈。

在对企业竞争行为的特点进行研究后，相关学者深入地对竞争行为与企业业绩之间的关系进行了研究。在实际商业环境中，企业采取竞争的主要目的是通过先行采取行动来最大限度地弱化其他企业的负面效应，降低其对自身的威胁，保证自身的盈利能力不受影响，继续维持原有的竞争优势，从而进一步推动业绩的提升。

2. 竞争优势与市场地位

企业竞争优势指的是企业在产出规模、组织结构、劳动效率、品牌、产品质量、信誉、新产品开发以及管理和营销技术等方面所具有的各种有利条件。企业竞争优势是由这些有利条件构成的整体，是企业竞争力形成的基础和前提条件。总体上，企业的竞争优势主要包括五个方面，即成本优势、增值优势、聚焦优势、速度优势以及机动优势。

而市场地位则指某一企业主营产品在其所有渗透区域内的综合市场占有率，或企业在其主营产业中的排名次序。企业在成长过程中可以通过对自身竞争力进行详细评估，抓住主要的竞争优势，从而使其产品的市场地位得到提升，来进一步有效促进企业的发展。

3. 竞争资源与能力

资源与能力是企业决策的基本依据，资源、能力连同市场是决定企业发展前景的三大要素。企业的核心竞争力是由企业拥有的资源以及运用资源的能力构成的。

企业的竞争资源，是可以被利用以创造社会财富的一切有形和无形的客观存在。广义上竞争资源存在的形式包括以下五种：自然资源、人力资源、信息资源（知识、情报、技术、管理经验、品牌等）、资本（实物与货币）、社会资源（关系）。在相对稳定的环境中，竞争资源在企业可持续发展的过程中发挥基础性作用。

而企业的能力主要包括战略能力和企业家能力。战略能力是指企业实现内部资源与外部环境匹配的能力，它是企业的累积性学识（如技术、设备、管理、营销等方面知识），同时也是企业生存的基础，能指导企业未来的发展；企业家能力不是指具体个人的能力，而是对一种功能的描述，强调对资源的整合能力。无论是企业的决策层，还是战略管理者，当他们在识别和完成新的资产整合时，其行为就体现为一种企业家能力。

2.2.4 企业竞争力的评价方法

从 20 世纪 80 年代迈克尔·波特提出竞争优势理论起，关于竞争力的描述就已经产生，这种研究主要集中在国外，比如，Throsby（2001）认为有一种能力能够体现一个企业的竞争力，这种能力就是指一个企业能够在竞争上获得优势的能力，至于该如何评价这个能力，却并未给予有效解释。对于台资企业发展评价这方面的研究，国内外学者已经取得了重要成果。但是，台资企业的竞争力需要进一步的考量：什么样的台资企业才能说是有竞争力的企业？至今学术界都没有准确答案。本书将对企业技术效率的研究主要分为对规模效率、范围效率和技术效率的研究，并从中量化相应指标以找出企业竞争力问题。企业竞争力的评价方法有很多，本书主要参考了模糊物元法、综合指数评价法、多元统计评价法、数据包络分析法，在此就这四种方法进行如下述评。

1. 模糊物元法

夏森等（2018）利用模糊物元法，对中国上市汽车企业的财务数据和汽车的销量、研发等数据进行分析，得出了中国上市汽车企业的竞争力排名，并提出中国的汽车企业应该进行兼并重组，实现规模化生产。汽车企业还应注重研发，以实现中国由汽车大国向汽车强国的跨越。吴祖军、彭勃（2019）以宁波舟山港为主要研究对象，通过模糊物元法对宁波港、上海港、广州港等十大港口的竞争力进行实证分析，最后结合分析结果找出宁波舟山港发展的优势与劣势，并提出提高宁波舟山港竞争力的对策建议。鞠炼等（2019）为解决风险评估体系中各个指标之间的矛盾性与不相容性的问题，运用模糊物元分析模型对"西气东输"开发项目的风险进行测度，进而提出对天然气开发项目进行风险评估的方法论。陈兆荣（2019）通过构建中国各省份绿色经济发展的模糊物元测度模型，对中国各省份绿色经济发展水平进行度量。其研究一方面表明中国各地区绿色经济发展存在不平衡现象，另一方面表明模糊物元法是对省域绿色经济发展水平进行定量分析的有效方法。胡颖、刘营营（2020）以债务率、偿债率以及负债率等指标为基础，以"一带一路"沿线 31 个国家的相关数据为研究样本，构建了外债风险评估体系，同时运用模糊物元法测度了 31 个国家的外债风险并进行了相应的成因分析，对"一带一路"沿线国家合理融资、规避债务风险具有借鉴意义。

2. 综合指数评价法

孙步忠等（2017）以 2009—2013 年江西省 11 个地市的相关数据为研究样本，从社会发展、经济增长等 5 个方面构建了生态经济的综合指数评价体系，再结合熵权法进行客观赋权并运用系统聚类方法对 11 个地市的生态经济动态发展水平进行了研究。徐德顺等（2018）融合了多层视角，运用主客观相结合的方法以及综合指数法构造了区域电子商务发展指数测度模型，实证结果表明该综合指数评价法能够较为全面地评估一个地区的电子商务发展水平。何菊莲等（2018）运用主成分分析与熵权法相结合的综合指数评价法对湖南省2001—2014年间的经济发展转变进程进行了评价，研究结果表明湖南省经济发展呈现向好趋势，同时该综合指数评价法能够较好地应用于对经济发展转变的评价。曾福生等（2019）基于综合指数评价法，以农业的碳排放及其污染排放为基本指标，对农业的非期望产出进行测度，同时结合DEA模型对国内31个省份2000—2016年的农业生态效率进行测度，还进一步运用了前沿距离，结合空间自相关分析分别测度了国内各省份农业生态效率的空间差异，并为农业的可持续发展提供了相关建议。孔晴（2019）借鉴了综合指数编制的相关方法，运用等权设计法确定绿色金融综合指数各个指标的权重，并进一步运用变异系数法进行修正，从而构建绿色金融综合评价指数，对甘肃省2014—2017年绿色金融发展水平进行了综合评价。

3. 多元统计评价法

闫奕荣（2016）从数据降维的视角对多元统计评价法进行了相关研究，主张采用主元分析方法将指标进行降维，具体是指基于多元统计评价法对原始变量构建线性组合模型，从而得到最终决策。刘子怡、郝红霞（2017）运用组合式多元统计模型对中国区域生态效率进行了实证分析，研究结果表明，从整体而言，全国各地的生态效率水平呈现逐年上升趋势；分地区而言，中国区域生态效率自东向西呈现阶梯状递减的不均衡趋势。王中等（2017）运用多元统计评价法对34个城市的竞争力进行了综合评估，并进一步运用聚类分析方法基于城市的竞争力对城市进行聚类，最后基于综合评价结果对提高城市竞争力提出了合理建议。

马军等（2018）以河北省金融行业的发展现状为研究对象，运用多元统计评价法对河北省的金融发展水平进行评估，并进一步挖掘河北省金融发展在京津冀协同发展中的不足之处并提出相应的解决对策。

4. 数据包络分析法（DEA 方法）

张健华（2003）是我国较早采用 DEA 方法对我国企业效率进行分析的学者，该方法从传统意义上以企业分析研究为视角进行全面量化测算，对企业多年间的经营情况进行了数据测算。刘志新和刘琛（2004）则将 DEA 模型进行了扩展，在企业分析效率方面加入了参数，开创了 DFA 方法，研究范围也从 4 家企业扩展至 14 家企业。大部分学者对企业竞争力的研究主要采用的是 DEA 模型，而其最大的不同在于其采用的数据不同，有的采用政府提供的数据，有的则采用企业的财务数据。DEA 方法被运用到企业效率分析领域后，徐康宁（2001）、陈红儿（2002）、焦国华（2007）和王坚强（2010）等多位学者在其基础上对模型加以拓展，目前利用 DEA 方法对企业效率的分析已经较为成熟。

通过上述对以往学者们研究的分析，可知理论界对企业竞争力的认识和研究是不断提高和深入的，尽管不同学者的研究视角或侧重点各不相同，但都为后来的研究提供了重要参考。目前的研究尚存在一些不足，未来对企业竞争力的研究，可以从以下几个方面进行进一步探索：

一是目前国内企业竞争力研究主要侧重于企业竞争力概念的研究，且实证的统计分析和评价多于理论研究，而国外比较注重基础理论的研究，且已形成了较为完整的理论体系，国内在此方面的研究有待进一步强化。

二是企业竞争力的形成和发挥不仅取决于有形资源的积累，也受到无形资源的影响。因此在考虑有形资源的同时，还应分析人力资本、聚合力、应变力和抗风险能力等无形资源与企业竞争力的关系，以及自然区位、经济区位、产业集群、地方文化、政府政策等环境要素对企业竞争力的影响，以此对企业竞争力进行综合系统的分析，避免因强调某一方面因素而导致出现认识上偏差的问题。

三是综合运用多学科的研究成果和方法，了解最新研究动态，深入探索企业竞争力的形成机理，不断地使企业竞争力理论研究更具实用性和可操作性。

为接续前人对企业竞争力的研究成果，并试图对该领域进行一定的开拓，本书将充分考虑企业竞争力理论的综合应用，选取粤港澳大湾区中的台资企业作为研究对象，将理论与实践结合，研究大湾区台资企业竞争力，提出企业竞争力提升策略，促进台资企业把握大湾区历史机遇，实现融合发展。

2.2.5　企业竞争力的评价体系

国外关于核心竞争力测量的指标体系，目前学术界有所区分的主要是著名的 MD 体系和 WEF 体系，其中 MD 体系由 20 个硬指标、14 个软指标组成；WEF 体系由 35 个软指标组成，包括 18 个企业指标和 17 个微观环境指标。WEF 体系主要应用于国家核心竞争力的测量，随后许多学者在其基础上进行修改并将之应用于企业核心竞争力的测量。

国内的核心竞争力研究重点主要集中在核心竞争力的评价体系及量化的应用研究上，研究者从不同的角度分析核心竞争力的构成要素，由此构建出不同的核心竞争力的评价体系。王伯安（2010）、金怀玉（2010）和聂辰席（2002）等从不同角度建立了企业核心竞争力构成及其测量指标体系。

张春华（2006）认为企业核心竞争力是一个动态系统，随环境变化而不断演进，企业应根据竞争环境的变化适时调整和培养新的核心竞争力，并认为在当前形势下，我国企业构建企业核心竞争力体系应采取实时变化的方式。张瑞敏（2010）认为，企业竞争力体系是一个创新体系，包括战略创新、观念创新、技术创新、组织创新、市场创新和流程再造六个方面，我们应以此来构建完整体系。张道玉（2013）指出企业竞争力体系将集中在如何将企业核心竞争力的构建方法具体化、从战略决策层分解落实到部门操作层、如何克服企业核心竞争力的刚性并保持竞争优势以及如何基于 IT 进行企业动态能力的培养以实现核心竞争力的重塑。赵健昌（2019）认为企业竞争力体系的建设途径可以从提高企业领导人核心竞争力的意识、加强企业的创新意识和能力、塑造独特的企业文化、注重营销技术与加强营销网络建设、全力打造企业品牌和实施人才战略六个方面去实施。

通过对企业竞争力体系的理论和文献进行研究梳理，我们认为现有的企业竞争力体系研究存在以下几个问题：①对于竞争力体系的研究主要以综合区域研究为主，某一具体区域研究相对较少；②应用研究大多是针对国内企业竞争力体系的研究，即探讨国内企业发展问题，然后建立评价体系，针对具体对象提出意见建议；③关于竞争力体系的实证研究对象主要是国有企业、上市公司等大型企业，对于中小企业的实证研究比较少；④关于台资企业的竞争力研究大多集中于对台资企业现状进行分析，并未就台资企业竞争力体系构建进行大样本实证研究。

因此，本书对粤港澳大湾区台资企业竞争力体系的研究，能够丰富关于台资企业竞争力在粤港澳大湾区的实证研究样本，补充粤港澳大湾区台资企业竞争力体系研究的内容。

2.3 台资企业核心特质评述因素

乘着改革开放的东风，由于利益驱动、政治利好、文化认同与亲缘关系等原因，台资企业较早进入大陆市场。台资企业经历过早期来料加工的简单制造业阶段，后来把握多次技术革命升级机遇，不少企业在经营上已经取得了相当大的成就，在全球范围内具有一定影响力。与其他地方的企业相比，台资企业各项资源禀赋并不具有绝对优势，但是能够在如此多变的全球化进程中取得重大的成就，主要是因为它们具备一定的特质与文化基因。目前，国内学者在对台资企业进行研究时，发现其具有明显的核心特质，主要集中在以下几个方面：

2.3.1 企业管理制度因素

颜莉虹（2019）对大量的台资企业管理模式进行实证研究，发现台资企业普遍具有以企业文化为导向的特色管理制度。陈嘉等学者（2020）在对台资企业与大陆企业进行对比研究时，发现两岸同胞都受中国传统文化影响，中国传统文化强调的是集体主义，两岸企业都具备这种企业文化。但是由于历史原因，台资企业具有中西方企业文化兼顾的优势。于铁山（2020）在对台资企业转型升级进行研究时，发现台资企业在秉承现代管理制度理念的同时，融进了大量的中国传统管理模式。最典型的便是"叠罗汉"式的台资企业，其内部实行严格的等级制度和管理制度，其中台湾鸿海精密集团旗下的富士康公司就颇具代表性。这种"家长式"的管理理念对于加强台资企业内部团结有重要的指导作用。

石正方（2015）在对台资企业竞争力优势进行问卷调查研究时，发现在严厉的现代化企业管理中，台资企业积极地融进中国的家庭文化，并努力给员工营造"公司就是家"的企业氛围，以此要求员工对公司表现高度的忠诚，并将这种忠诚与中国传统文化中忠、孝的观念相融合。这种将中国传统文化与现代企业制度相结合的管理方式使台资企业在全球企业之中独具特色，效果显著，不仅可以增强企业凝聚力，还打造出了一批高素质、高效率、高忠诚度的员工，从而提升台资企业整体的竞争力。

但是，张滨、刘小军、李永健（2017）等指出，这种台资企业在进入中国大陆时，与大陆民众所拥有的人人平等价值观有部分的冲突。社会主义制度下强调的是人民当家作主，这种过于严厉的公司制度在缺乏相应福利保障的情况下，使这部分台资企业在大陆的发展并非一帆风顺，而是面临着高离职率与投诉不断的问题。

2.3.2　核心人才资源因素

李臻和耿曙（2020）通过对大量台资企业发展问题的实证研究，发现台资企业的人力资源因素是台资企业的核心特质，是台资企业竞争力的重要组成部分。朱磊（2019）通过研究台资企业外部压力升级的问题，发现台资企业受日韩和欧美影响较大，会积极应对压力，采取有力措施，建立起完整的现代企业制度，以抵御风险。其实，台资企业中的不少台籍员工都有服兵役的经历，这些员工具有来自军队的等级秩序感、忠诚度、执行力，相较于其他国家地区的员工具有更强的优势。正是这种理念也使得台资企业更愿意雇佣台籍同胞作为公司的核心成员。同时，这种平台机会也使得台籍员工得到更好的锻炼，使其能比其他地域同龄的员工更快速地成长。这种正向的螺旋式关系使得台资企业与掌握核心技能的台籍人才彼此抱团，更好地促进双方的发展。陈嘉（2016）对台资企业福利进行大量数据研究调研，采用扎根理论进行分类，发现台资企业的福利制度受到日韩两国影响较大，更加注重工作机会的稳定和员工收入的调节，特别是对掌握核心技能的人才，公司会尽力地提高其工作的满意度，为这些员工建立完善的保障体系。林晓峰和陈丽丽（2015）在研究台资企业转型时，发现台资企业花费巨额的培训费用来提升企业核心技能人才的技术水平，企业更注重的是员工与企业共同成长。正是台资企业这种对核心人才的高待遇，使其获得了核心骨干人才的奉献与忠诚，再加上高福利政策和广阔的成长提升空间，使得台资企业在人力资源方面具备较强的优势。

然而，范旭和刘伟（2020）发现台资企业的这种核心人才高标准待遇存在与普通员工不同酬的问题，特别是对于部分非台籍员工，甚至出现了严重的同工不同酬现象，这种区别化对待员工的企业行为会对企业员工的积极性产生很大的影响。

2.3.3 技术创新因素

陈蓉和吴凤娇（2019）通过对台商投资区域进行研究，发现台资企业受到台湾岛内资源和地理环境的影响，更加注重技术驱动，企业通过应用高新技术，减少资源的使用，技术创新已成为台资企业发展的传统。伍湘陵和邓启明（2019）通过对大陆台资企业转型进行研究分析，发现台资企业历来都重视技术因素，20世纪80—90年代从美国学习先进的技术，并在台湾进行应用，使得台湾电子信息技术产业一度成为台湾高科技产业的领头羊。随后，台资企业技术迁移至中国大陆，台资企业的技术创新优势更加明显。苏美祥（2018）在研究了台资企业转型升级的支持体系后，提出大陆应提升服务精准度，构建法治化营商环境，引导台资企业转型发展。从宏观来看，我国制造业转型升级的动力机制主要包括科学技术的发展、需求结构的升级、产业组织结构的改革和创新、全球经济梯度发展效应、国家战略的积极推动。刘金山和文丰安（2018）在对粤港澳大湾区的创新成果进行研究时，发现粤港澳大湾区在产业升级的背景下，为企业提供更多的政策便利，同时，对部分传统行业的企业进行淘汰。在此背景之下，多数台资企业及时调整策略，积极进行技术创新，从早期的劳动密集型企业多数转为技术密集型企业。在这个升级过程之中，企业自身的技术得到升级。陈艳华等学者（2017）发现台资企业在全球进行扩张，将早期的资本转化为技术，通过对新技术的应用与创新、新材料与新工艺的使用、新产品研发等措施使其能够获得市场认可，并迅速发展。但是，张晓磊（2017）通过对外资企业与中国台资企业进行对比研究，发现台资企业在技术创新和研发方面，由于过于重视台籍人才而忽视了其他群体员工，使得科研人才储备不足，台资企业普遍存在后续人才乏力的问题。

2.3.4　企业社会关系因素

大陆与台湾人民同根同源，都在中华传统文化的熏陶之下成长，所以，台资企业与其他投资者相比，能够更好适应大陆的社会环境，并维持良好的社会关系。杨洋（2020）通过对海峡股权交易中心构建多功能交易平台进行研究，发现随着大陆对台商投资政策不断放宽，台资企业的投资动机逐渐从成本推动型向市场扩张型转变。关于大陆相关政策，尤其是海峡两岸经济合作架构

协议（Economic Cooperation Framework Agreement，简称 ECFA）
对台资企业的影响，Daniel H. Rosen 和 Zhi Wang（2011）认为，
ECFA 改变了两岸贸易、投资、人员流动的不对称情况。对台湾
而言，将两岸"不正常"经济关系"正常化"比与其他国家和地
区经济关系自由化更具有价值，尤其是 ECFA 中的特定条款——
"联合产业合作"，可为大陆台资企业带来更多的经济效益。杨宜
等学者（2016）在研究台资企业与社会关系问题时，发现台资企
业善于处理社会关系，让企业处于一种较好的社会环境中，但也
指出过分重视社会关系的台资企业优势不明显。许志桦等学者
（2019）对中国改革开放以来珠三角战略进行研究，发现中国政
府对支持祖国统一的爱国人士采取支持的态度，多数来中国大陆
投资的企业家支持两岸统一。为此，各级政府也贯彻中央政府对
待台胞的政策，对其进行合规优待。张雨迪（2016）在研究了两
岸政治、经济等关系后，指出台资企业要融入大陆经济发展趋
势，实现创新转型发展。但是，畅秀平等（2015）在对台资企业
税收问题进行研究时，发现台资企业因为在中国大陆不同地域政
策的选择较多，所以在处理不同地方政策待遇问题上采取的方式
也有所不同。这种差异化的对待策略，极易引起当地政府和企业
的不满；部分台资企业社会关系处理不当，反而对其发展不利。
范越龙（2015）对多地市引进的台资企业进行分析，发现虽然两
岸的传统文化相同，但是两岸的发展有所不同，中国大陆是社会
主义制度，因此部分台资企业家在中国大陆按照资本主义制度的
处理方式会产生不良影响。谢国娥（2018）在对台资企业社会关
系维护进行研究时，发现部分台商在处理社会关系时存在不当的

言行，影响了台资企业与当地社会的关系。众多学者对大陆台资企业竞争力、企业发展、台资企业特征等问题进行了常规和宏观的经验分析，但这些研究由于数据获得途径以及研究角度的差异，未能对大陆台资企业生产和经营等一系列问题进行深入分析，即使有个别研究利用了问卷调查方法，但是调查内容和区域范围相对狭窄。例如，徐宗玲和王聪（2008）采用汕头市纺织业台资企业市场调研数据，通过扎根理论分析了台资企业的网络形态；吴德进和严谨（2010）分析了福建省台资集群网络下，内外资企业协同升级的困境与出路；王鹏（2009）基于珠三角台资企业问卷调查分析了大陆台资企业的融资渠道；赵春兰（2011）通过对宁波台资企业进行调查，分析了涉台纠纷仲裁调解的现状与对策；周忠菲（2011）基于上海台资企业问卷调查，分析了金融危机下大陆台资中小企业的发展问题。

2.4　文献评述

本书参考现有文献对台资企业进行了研读分析，对企业竞争力问题也从多个角度进行了系统的阐述。但基于目前台资企业的实际情况与发展需要，现有文献还存在不足或需深入之处：

一是现有研究主要从宏观经济角度研究台资企业，未能立足于微观层面对台资企业的现状进行客观评价，学术界和实务界尚难以准确"摸底"企业的现状和问题，尤其需要从企业实际出发，特别是利用调查问卷等一手企业数据，考虑台资企业竞争力构建与提升的问题。

二是对于台资企业竞争力问题的研究，多数学者从某一单个竞争力理论角度进行研究，缺乏多种竞争力理论综合构建的理论分析，本书则综合多种竞争力理论对台资企业竞争力问题进行综合系统性研究。

三是尚无对在粤港澳大湾区台资企业特质的分析研究。本书的研究考虑了粤港澳大湾区的区位因素，基于一手调研数据，着力分析大湾区台资企业竞争力的现状，提出了如何构建并提升企业竞争力的具体策略。

3　基于扎根理论的台资企业综合经营指标体系构建

3.1　扎根理论基本概述

扎根理论由美国学者班尼·格拉斯（Barney Glaser）与德国学者安瑟姆·施特劳斯（Anselm Strauss）于 20 世纪 60 年代提出。扎根理论属于定性分析，是一种自下而上的质性研究方法，具备质性分析的典型特征，即在经验资料中提炼相应的理论，其理论基础均根植于既定存在的事实依据中。在具体分析的过程中，扎根理论要求保持资料与分析结论的有效互动。基于扎根理论所开展的研究，不存在初始阶段预设的理论，也不包括需要验证为真的理论。在近半个世纪以来，扎根理论对学术界产生了重要影响，根据其不同阶段的发展状况，可以分为以下三种理论。

3.1.1　经典扎根理论概述

二十世纪六七十年代，西方社会科学正处于批判思想阶段。扎根理论正是在此背景之下，由 Glaser 和 Strauss 提出的新型研究理论。由于当时西方社会经济问题日益复杂，传统社会学家给出的理论和方法已经对许多问题无法进行解释和研究。为此，Glaser 和 Strauss 主张在社会学研究之中进行理论创造。他们提出一种不需要经典假设，也不需要传统理论概念的新型质性研究理论，称为扎根理论，其编码步骤如表 3 - 1 所示。

表 3 - 1　经典扎根理论下的编码步骤

开放编码	对调查材料进行认真审视，以关键词的形式把每一个事态标记出来，根据相关的概念对关键词进行分类形成一些概念范畴，并在经过持续的资料整理收集之后形成一个核心范畴
选择编码	将核心范畴和其他范畴的有关内容联系起来，再通过理论抽样来进一步对核心范畴进行充实，使其达到饱和状态。再继续对这些概念进行抽象化，将不同范畴内容进行整合，最终获得实质性概念
理论编码	对实质性概念之间的关系进行进一步抽象研究。发现背后的潜模式，这种潜模式就是要进行整理的理论。通过原有的备忘，借助参考文献以及调查、访谈等多种形式继续丰富资料，最终完成论文撰写

3.1.2　程序化扎根理论概述

当经典扎根理论在社会科学领域广泛应用之后，大量学者发现在编码的过程之中，由于个人化特征明显，许多科学研究的传承性和社会研究价值意义不大。为此，1988 年，Strauss 和 Corbin 在原有扎根理论的基础之上，对研究的程序化和编码过程进行深度调整，使其发展形成了可以对广大科研工作者进行详细指导说明的程序化扎根理论。该理论的核心是编码，其编码步骤如表 3 -2所示分为开放编码、主轴编码和选择编码三个方面，并增加了维度化、典范模型和条件矩阵这些新型的分析工具。程序化扎根理论将经典扎根理论的质性研究与科学工作的量化研究有效地结合。这种程序化扎根理论更适合当今社会问题研究，如表 3 -2所示。

表 3 - 2　程序化扎根理论下的编码步骤

开放编码	对调查材料进行详细研究，并从调查材料中总结出一些范畴。再进一步将这些范畴抽象化形成其属性，并完成相应的维度化
主轴编码	确定研究对象的主范畴和次范畴，同时按照程序化扎根理论中的典范模型将主范畴和次范畴组织起来，以重新组织数据
选择编码	从多个主范畴中确定一个核心范畴，并围绕其进行组织关系研究。可以按照 5 个步骤进行选择编码，第一，提供故事线并加以描述；第二，用典范模型；第三，确定核心范畴的属性和维度；第四，根据经验证据判断以上过程的可靠性；第五，通过理论抽样弥补细节以确保范畴密度

3.1.3　建构型扎根理论概述

20 世纪末，许多学者认为传统扎根理论的最大问题在于企图通过对社会问题的研究来解释世界的真相，但是，学者在对研究事物进行编码时，严苛的程序化设计和编码过程会遏制学者的创造力，进而使得扎根理论最本质的质性分离作用很难发挥，无法形成充分的解释力。为此，Charmaz 从建构主义的角度对扎根理论进行研究，构建了一种流动的框架，确立了新的编码步骤，如表 3 - 3 所示，使得研究工作者可以突破原有的种种框架限制。

表3－3　建构型扎根理论下的编码步骤

初始编码	研究者需要对调查问题确定两方面内容：研究对象核心关切的是什么、他们如何解决这种关切。同时，在研究编码时要以行动为中心编码，并且研究者要尽力把研究对象的语言作为代码
聚焦编码	把研究对象多次出现并具有重要意义的代码挑出来，通过理论抽样和撰写备忘的方式使其上升到理论范畴。在此基础之上，充分调动研究者个人的创造力，进一步丰富此理论并实现概念饱和

3.1.4　企业竞争力程序化扎根理论分析

台资企业对粤港澳大湾区的投资多数属于民营经济推动。由于两岸关系的复杂性，台资企业在中国大陆的投资数据很少有官方公布的具体数据。研究需要获取企业的真实数据，并对所获取的样本数据进行科学总结才能发现相关规律。这个过程需要采用定量与定性相结合的方法，从多个维度评价台资企业发展状况并全面分析其所面临的多种维度关系。为此，在调研的过程中，可以采用扎根理论质性分离方法，对台资企业的调研数据进行科学分析。按照扎根理论的研究范式，作者通过对台资企业竞争力数据进行系统性收集和分析资料之后，确定台资企业竞争力的核心范畴。对于台资企业发展研究整体来说，需要采用归纳而非演绎的思想来分析资料。通过深入访谈调查研究的方式，对企业负责人、管理层、员工、专家等企业发展相关方进行全面调研，以准确评估企业发展的真实现状。研究人员在深入了解台资企业的运营方式、企业文化、人力资源和管理制度时，采取这种研究范式能够真实地发掘企业的实际状况。为此，根据扎根理论，收集资料、采集数据和应用合适的分析方法对于研究台资企业竞争力具有重要的应用价值与指导意义。通过上述分析可知，台资企业竞争力研究是一个复杂的课题，本书采用了程序化扎根理论，并按照该理论设计了相应的流程方法，如图 3 – 1 所示。

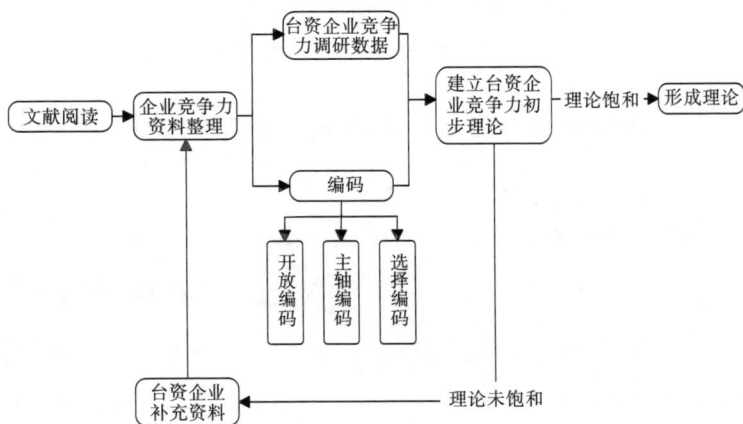

图 3 – 1　台资企业竞争力程序化扎根理论研究流程图

3.1.5　企业竞争力程序化扎根理论编码过程

根据程序化扎根理论，本书根据台资企业竞争力的相关问题设计了三级编码方式，如图 3 – 2 所示，编码具体包括三部分内容：

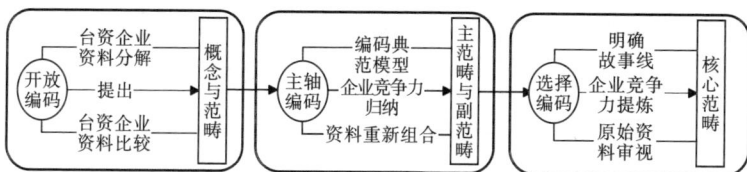

图 3 - 2 台资企业竞争力程序化扎根理论编码过程

1. 开放编码

在关于台资企业竞争力问题的开放编码过程中，作者按如下步骤进行处理：第一，在对资料进行登录时，注重企业调研信息的完整性，不能有所遗漏，登录的信息追求细致，直到信息饱和为止。而当信息饱和后，针对新发展的有价值的信息在下一轮进行登录收集；第二，在具体登录的过程中，尊重企业被调查的当事人原本的词语使用，应特别关注能够作为编码的"原话"；第三，对号码进行初步命名时，充分考虑使用"原话"，必要时自行编写相应的命名，命名的合适程度对研究的影响可以忽略；第四，针对资料中的词语、短语、句子等进行具体分析，主要分析内容包括：资料与研究之间的关系、资料的类属问题、资料具体提供的情况及事件发生的原因；第五，对台资企业相关资料进行维度分析时，寻求相关案例的支持，对于资料中没有收集到的案例，必须搜寻相关案例，而不是仅仅考虑研究进程；第六，明确列出登录范式中的条目。

2. 主轴编码

在进行台资企业竞争力研究的时候，不仅要参考概念之间所具备的关联，还应参考概念类属范畴中研究者的具体动机与意图，应将调研资料置于其所处的社会背景与语言环境中进行分析。而当竞争力概念间的类属关系被建立起来后，还应对资料的主范畴与副范畴进行分析。范畴与范畴之间的联结被建立起来后，在确定主从关系稳定的基础上，最终构建具备互动性的台资企业竞争力理论框架。

3. 选择编码

台资企业竞争力的核心范畴需具备统领性特征，即通过核心范畴能够将企业竞争力所有类属整合在一起，形成有逻辑的结构。在具体确定核心范畴的过程中，可通过调查对象核心范畴的特征来进行判断：第一，中心位置属性。被确定为核心范畴的资源应有在所有资源中占据中心位置的地位。与其他资源相比，核心范畴占据资源的能力更为突出，与其他资源的联系程度应最为紧密。第二，频繁性。核心范畴应在各项资料中保持稳定频率的反复出现。第三，易关联性。核心范畴在与其他资源发生联系时，应具备快速建立联系的能力，如图3-2所示。

基于上述过程解析，本书将运用程序化扎根理论原理，通过开放编码、主轴编码和选择编码三个步骤依次进行扎根理论分析，自下而上构建台资企业综合经营指标体系。

3.2　企业竞争力研究框架与资料收集

3.2.1　企业竞争力研究框架

企业竞争力的构成框架是指决定企业竞争力的各项要素所组成的具有联系的相应结构。企业竞争力是由多种不同要素构成的，且各要素之间相互作用。可以从不同角度对企业竞争力架构研究形成不同解读，比如，从企业评价角度，企业竞争力的影响因素主要包括顾客评价、股东评价、对竞争环境的作用与适应性；从企业关系角度，企业竞争力的决定因素有四个方面：企业面临的各种"关系"和环境、拥有的各种资源、特有的能力及文化理念；从企业发展角度，企业竞争力的影响因素主要有五个，即变革因素、变革过程、环境、企业自信心和工业序位结构；从企业创新角度，企业竞争力的影响因素可总结为三个方面：快速反应能力、产出加快能力和资源效果能力；从企业治理角度，生存能力、适应能力和发展能力的共同作用决定着企业竞争力。比较全面且有代表的研究成果是学者傅贤治（2001）的研究，在其相关研究中，他认为企业的竞争力框架是以资金要素为塔基而形成的一种结构，第一层为资金要素，第二层为管理要素，第三层为员工要素，第四层为精神要素。傅贤治认为资金是企业竞争力的基础，而企业精神则是企业竞争力的最终决定力量。当企业竞争到最后时，资金、成本、产品、员工等因素都已经不再重要，决定胜负的往往是企业的精神价值，如图3-3所示。

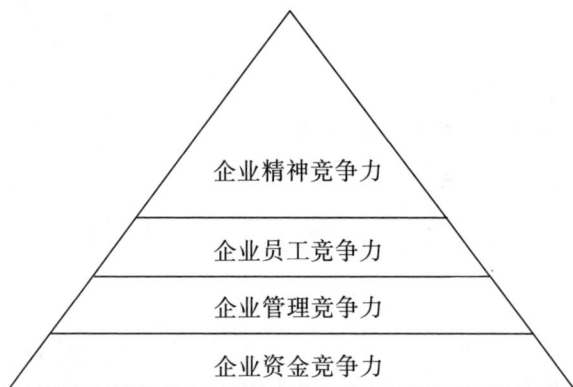

图3-3 企业竞争力金字塔框架图

学者赵赛波（2006）在这方面也有建树。他提出了平行框架的观点，认为企业竞争力的构成框架是一个彼此独立，但又彼此依存的关系。在其相关研究中，赵赛波将企业的各项竞争力视为企业铸造其能力的基础原料。企业拥有的竞争力要素越多，企业的能力提升越大，如图3-4所示。但这种平行关系的框架未能精确区分各项竞争力之间的不同，也未能准确描述各项竞争力对企业总体竞争力的贡献。

企业市场竞争力	企业资金竞争力	企业人才竞争力
企业精神竞争力	企业管理竞争力	企业环境竞争力
企业资金竞争力	企业资源竞争力	企业人力竞争力

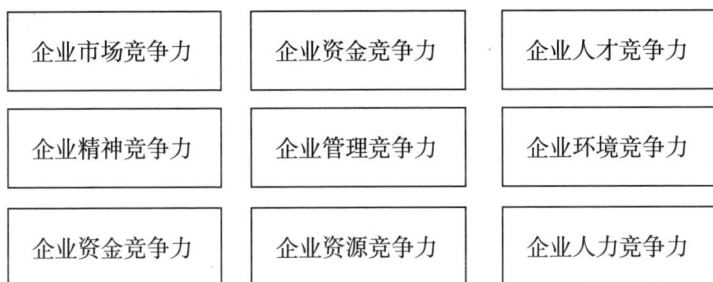

图 3 - 4　企业竞争力平行框架图

由此可知，企业竞争力研究框架可以为研究对象选取适当的角度，并进行符合其特点的意义阐释。对大湾区台资企业而言，亟需一种符合自身特点和需求的竞争力研究框架。

3.2.2　资料收集

在对相关领域企业家、企业高管、专家学者共计 53 位进行交流访谈的基础上，本书附有部分专家学者的访谈记录（见附录），并根据其访谈内容通过扎根理论提取三级编码，根据编码共同制定了符合粤港澳大湾区台资企业竞争力的调查问卷。

在资料收集方面，本书将主要通过文本分析、数据收集、问卷调查、访谈等方式获取。本书收集的资料主要由四部分构成：第一，获取台资企业的相关资料与相应数据；第二，对多位台资企业家、企业高管、企业管理专家进行了访谈，获得了其对于台资企业竞争力的看法，并整理成资料；第三，与多名专家交流之后，将所得材料进行扎根理论分析并提取各级编码；第四，通过扎根理论设计的调查问卷获得关于企业发展、企业经营、企业文化、企业营商环境的相关信息，并将其整理成了企业竞争力相关资料。

在与专家学者和企业家交流的过程中，笔者采用严格的半结构化访谈，以确保收集的访谈资料具有足够的代表性，该访谈严格按照当前粤港澳大湾区台资企业竞争力调查研究的问题来展开。

3.3　企业经营指标体系的构建

构建台资企业竞争力分析的指标体系时，笔者主要运用了扎根理论的编码方式，在编码过程的第一阶段主要采用开放编码的方式，得到 81 个范畴化的概念，成为一级编码。在开放编码的基础上，采用主轴编码的方式对文献的一级编码进行细分，将一级编码中的规范性概念划分为 21 个主要范畴。最后根据主轴编码的范畴关系，归纳总结出 7 个选择编码的核心范畴。

3.3.1　开放编码

开放编码也称一级编码，是编码过程的第一阶段，其目的是结合相关文献并从资料中提取概念和范畴，是对收集到的资料文献的最初整理。本书对台资企业竞争力评价指标的文献资料进行梳理，结合相关专家的分析，得到了数百个初始概念，对这数百个初始概念进行了重新分类，最后结合实际情况，确定了开放编码，得到了 81 个范畴化的概念。

3.3.2 主轴编码

主轴编码也称为二级编码，在主轴编码过程中可以充分发现资料之间存在的有机关联。开放编码所得到的概念是分散的，主轴编码通过对开放编码的范畴化概念进行再分析、聚类整合，将不同类属性联系起来，重新排列在初始编码中被分裂的数据，使得分析的结果具有连贯性。这需要对大量的调查材料进行关联性分析，使不同的概念能够相互贯穿，形成脉络。本书对开放编码中的范畴化概念进行分析，从企业管理、产业经济学、区域经济学的理论视角，将范畴化的概念分类为21个主要范畴。

3.3.3 选择编码

选择编码又称三级编码，是指在完成主轴编码的基础上，对已经构建的概念体系进行分析，其后在概念体系中选择核心范畴的编码。核心范畴在与其他资源发生联系时，应具备快速建立联系的能力。同时，其建立的联系内容也应具备丰富性。经过系统地分析，在所有已发现的概念类属中选择一个"核心类属"，也就是指不断分析挖掘出核心范畴。根据上述主轴编码的范畴关系，本书归纳总结出选择编码的核心范畴是基础条件、社会环境、企业运营、产业结构、机遇保障、核心人才资源和营商环境这七个指标，由此构建了评价指标体系。

3.4 指标体系构成分析

本书运用了扎根理论，自下而上地构建了台资企业综合经营指标体系，具体分为基础条件、社会环境、企业运营、产业结构、机遇保障、核心人才资源和营商环境七类，其中社会环境、产业结构与营商环境指标借鉴了企业竞争力外生理论。

3.4.1 基础条件

本书在编码过程中将四个主轴编码——资金要素、基本人力要素、技术创新以及基础设施纳入选择编码基础条件指标之中，具体分析如下：

A_1资金要素。资金是以货币为主要载体，以国民经济中的物资、货币为主要表现形式的一种资本形态。资金在经营中能够通过其购买功能发挥作用，同时也能通过其自身与金融市场的结合来创造价值。

当资金处于静止形态时，资金主要依靠金融属性发挥其获利功效。而当资金处于流动状态时，其主要通过流动发挥其获利能力。本书将资金要素的三级指标归纳为：资金总额、投资水平、自有资金、贷款水平四项。

A_2基本人力要素。基本人力要素是指具备一定技能或知识，能够进行生产劳动的相关人力资源，它为企业创造相应的价值，是企业竞争力形成的基础条件之一。本书将基本人力要素的三级指标归纳为：全员劳动生产率、全员劳动利润率、员工平均受教育程度、管理层受教育水平、入职年限、员工培训及职工总数。

A_3技术创新。技术创新以"新技术"为核心目标，旨在以创新性的知识或方法手段提升企业效益。这主要体现在普通技术创新对企业竞争力的影响与革命性技术创新对企业竞争力的影响。第一，普通技术创新对企业竞争力的影响。普通技术创新主要体现在企业在发展的过程中取得的相应创新成果。这类创新成果一般较小，且易被模仿，因而单一的普通技术创新无法驱动企业通过创新实现其竞争力的提升。但经过一定时期的积累，普通技术创新能够在质变的情况下促进企业实现跨越式增长，从而提升企业竞争力。第二，革命性技术创新对企业竞争力的影响。革命性技术创新是企业实现的能颠覆行业规则的创新。革命性创新需要企业投入较多的人力、物力。同时，企业在操作革命性技术创新时也需承担较大的风险。但革命性技术创新能够使企业颠覆行业的竞争规则，同时也能为企业进入新领域开辟道路。本书将技术创新的三级指标归纳为：科研开发经费占销售额比重、职工中研发人员比重、新产品投产率、新产品产值率、技术进步项目收益率及专利数量。

A_4基础设施。基础设施以支持生产为核心特征，是能够支持企业进行物质生产与劳动再生产的相关物质资料的总称。在现代企业生产中，基础设施是企业生产的基础与依据，它对企业竞争力的影响主要体现在其对企业生产能力的保障和支持上，不同类型的企业基础设施对企业生产能力的支持程度有所不同。本书将基础设施的三级指标归纳为：生产设备更新速度、每年新设备投入、员工机器操作比重、资产总数及固定资产投资总额，如图3-5所示。

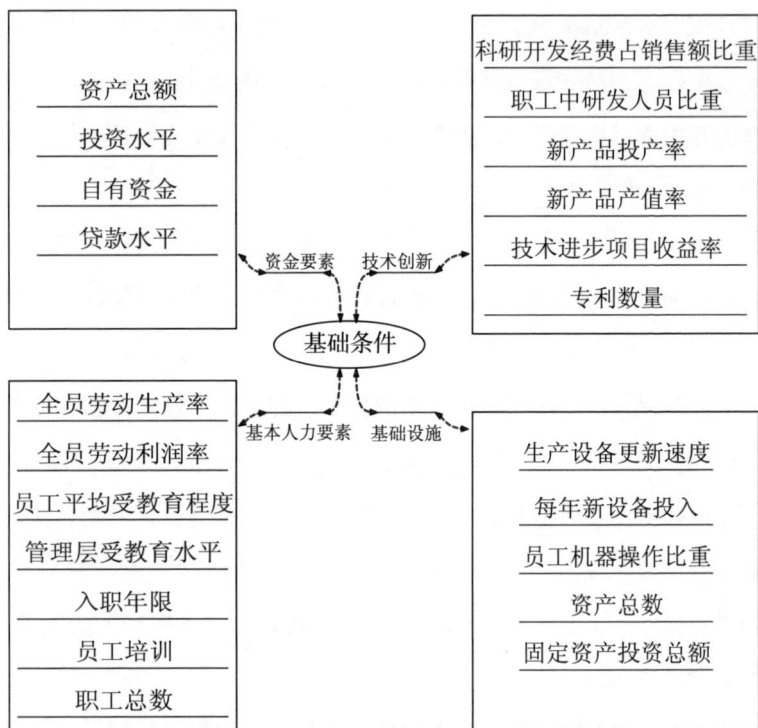

图3-5 基础条件编码示意图

3.4.2 社会环境

本书在理论编码过程中将三个主轴编码指标——宏观经济、人口结构以及收入分配结构纳入选择编码指标社会环境之中，其具体的分析如下：

B_1宏观经济。宏观经济是指国民经济总量、国家经济构成、国民经济产业结构、产业发展及经济发展程度等方面。经济形势与调控政策会发生变化，企业如不能及时调整其发展模式则会受到宏观经济的影响，影响企业竞争力。

根据大湾区实际情况，本书将宏观经济的三级指标归纳为：当地 GDP 水平、社会法制健全程度、失业率、本地企业补贴四项，如图 3-6 所示。

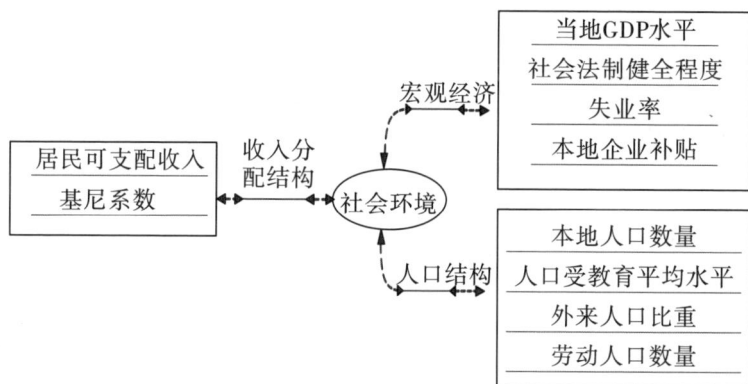

图 3-6 社会环境编码示意图

B_2 人口结构。对一个国家或地区而言，人口结构对企业竞争力的影响主要体现在人口自然结构和人口社会结构两个方面。作为社会环境要素之一，人口结构对企业竞争力的影响主要以间接影响为主。本书将人口结构的三级指标归纳为：本地人口数量、人口受教育平均水平、外来人口比重与劳动人口数量四项。

B_3 收入分配结构。收入分配结构用于反映当地收入情况。当个人分配所占比重较大时，个人用于购买企业产品与服务的能力较强，能为企业提升其竞争力提供相应的支持。而当个人分配所占比重较小时，个人用于购买企业产品或服务的能力较弱，则能为企业提升其竞争力所提供的支持也较弱。而且，当收入差距过大时，容易造成社会不稳定局面，进而影响企业的生存与发展。本书将收入分配结构的三级指标归纳为居民可支配收入与基尼系数。

3.4.3　企业运营

本书在理论编码过程中将三个二级编码企业制度文化、企业市场营销以及企业盈利能力纳入选择编码指标企业运营当中，具体分析如下：

C_1 企业制度文化。企业制度文化是基于企业制度所形成的一种制度文化，具体包括企业领导制度文化、企业组织机构文化及企业管理制度文化等。企业制度文化对企业竞争力的影响主要体现在：第一，企业领导制度文化是企业内关于领导职位、领导能力及领导选用的相关制度，领导岗位的工作职责涉及公司的发展战略、具体发展计划、工作岗位的选派以及人员的使用等。领导制度要在合理管理的基础上，实现工作价值与个人价值，这些因素均会对企业生产、发展造成影响。具有吸引力与凝聚力的企业领导制度文化能够促进企业员工充分发挥其能力，从而实现企业竞争力的提升。而与企业愿景、员工激励相违背的企业领导制度文化则会阻碍企业竞争力的提升。第二，企业组织机构文化的内容不仅包括企业设置的内部机构，其还受企业环境、企业目标、生产技术及员工心理状态的影响。在具体实务中，它决定了企业发展的情况。当企业组织机构文化与企业文化、职员心理具备高度一致性时，企业的各个组织机构能够发挥应有的效用，从而促进企业提升其竞争力。第三，企业管理制度是以义务为主要导向，具备企业强制性的各项制度，包括人事管理制度、生产管理制度及民主管理制度等。如果它符合企业发展预期，那么就能够有效促进企业提升其竞争力。因此，本书将企业制度文化的三级指标归纳为：现代企业制度的建立程度、现代企业制度动作效果、企业凝聚力、企业文化的先进性、企业文化的国际性、企业上下级渠道沟通、部门协调等。

C_2企业市场营销。企业市场营销是企业产品、服务变现的重要途径。企业市场营销对企业占领市场与产品（服务）变现均具有重要影响。企业市场营销涉及较多因素，具体包括企业品牌、企业广告、产品情况、市场占有率等。不同因素的综合作用，最终决定企业市场营销的能力。而通过市场营销所达到的企业实现，也决定着企业在市场上的竞争力。

企业市场营销对企业竞争力的影响具体表现在：第一，企业品牌是企业的主要无形资产，品牌不仅能提升企业产品的附加价值，还能为企业赢得市场，促进销售量的提升；第二，企业广告是企业的主要推广手段，符合企业发展需求的广告能够促进企业实现其市场要求，增加产品销售量，提高市场占有率，提升品牌价值，并有效提升企业产品销售的获利空间，进而提升企业的竞争力。

综上，把企业市场营销与企业发展要求相结合，设计相应的市场营销策略，不仅能有效促进企业的发展，还能提升企业的竞争力。基于此，本书将企业市场营销的三级指标归纳为：品牌价值、品牌知名度、广告与包装、产品销售获利情况、市场占有率、产品美誉度及国际认证情况。

C_3企业盈利能力。企业盈利能力是衡量企业竞争力最直接的指标。企业盈利能力是指单位时间内，企业产品的变现能力，以及资本、资金的溢价能力。企业盈利能力对企业竞争力的影响主要体现为：第一，营业利润率的影响。营业利润率是单位时间内，企业获得利润与企业实际收入的比率。企业营业利润率越高则表示企业收入越多转化为企业利润，企业花费越少的成本与费用，企业在市场上的竞争力越强。第二，成本费用利润率的影响。成本费用利润率是单位时间内，企业利润与企业成本费用的比率。企业成本费用利润率能够清晰呈现企业成本与利润间的关系。企业成本费用利润率越高则说明企业的盈利能力越大于企业的成本负担，企业存在越大的获利空间，其在市场上的竞争力越强。第三，总资产报酬的影响。总资产报酬是由资产报酬除以平均资产总额所得出的比率，能够反映资产利用与资产收益的体量。当总资产报酬数值较大时，说明企业对其资产的利用较为合理，企业因资产收益提高而强化了其竞争力。第四，股权收益的影响。股权收益属于企业的投资收益范畴。股权收益的体量能够展现企业投资收益的能力。因而，当股权收益较多时，企业获得的利润较多，其竞争力能得到相应的提升。

综上，企业盈利能力对企业竞争力存在较大的影响，其通过盈利获得的利润能够转化为企业在市场上的竞争力。若其不能实现盈利，发生亏损，企业因利润空间压缩或成本剧增，会造成企业竞争力下降的问题。基于此，本书将企业盈利能力的三级指标归纳为：应收账款周转率、积压商品物资比率、固定资产闲置率、流动比率、速动比率、资本保值增值率、资产负债率、长期负债率及现金净流量比率，如图 3-7 所示。

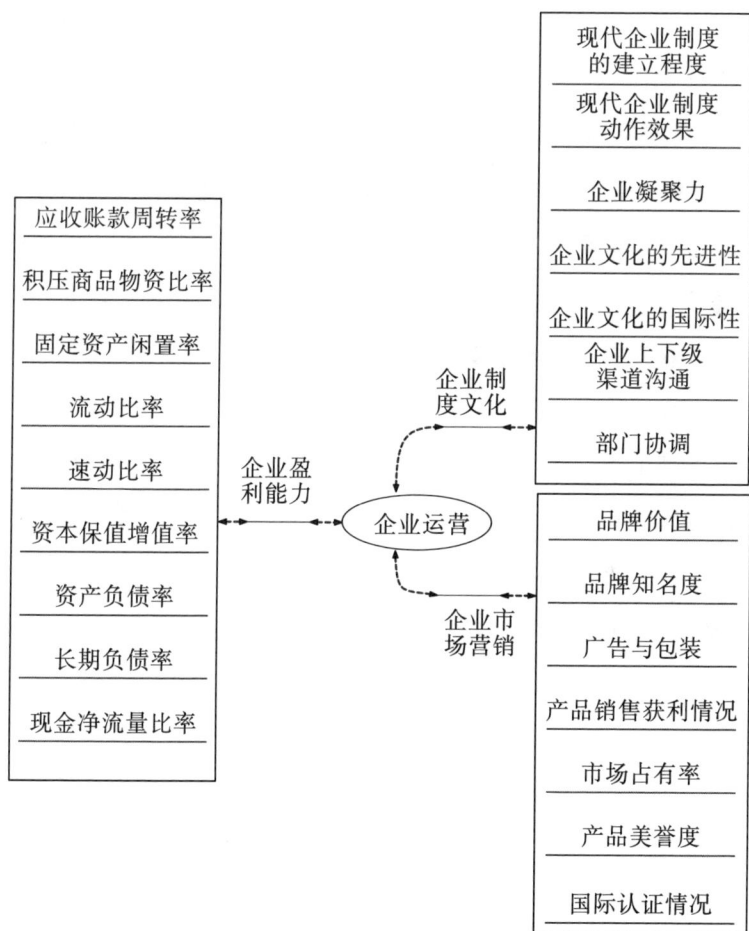

图 3-7　企业运营编码示意图

3.4.4 产业结构

本书在理论编码过程中将四个二级编码关联产业、结构演化程度、产业成长性以及产业就业吸纳程度归纳到选择编码指标产业结构当中，具体分析如下：

D_1关联产业。关联产业是指在产业分工、合作的背景下，企业所在的产业和与其存在合作或竞争关系的其他企业所在产业间形成的相关联系的统称。关联产业是关于产业集聚、协作发展的客观描述。不同企业的发展侧重与发展需求都不相同，进而在大规模企业关联的基础上形成产业关联。实务中，用以度量产业关联的工具被称为产业感应系数，关联产业对企业竞争力存在重要影响，其主要通过产业感应系数指标判断企业嵌入关联程度，并通过嵌入关联程度评价企业竞争力的情况。基于此，本书将关联产业的三级指标归纳为产业感应系数。

D_2结构演化程度。结构演化程度是指区域范围内，解释产业结构、企业结构演化规律的说明指标。结构演化程度越高，产业结构、企业结构的合理化程度就越高；结构演化程度越低，产业结构、企业结构的合理化程度就越低。当企业无法结合产业结构演化规律设计经营策略时，企业将陷入发展困境，从而影响其在市场中的竞争力。基于此，本书将结构演化程度的三级指标归纳为霍夫曼比例指数。

D_3产业成长性。产业成长性是指产业发展过程中具备的优势可在期待时间内变现为产业价值的一种产业未来资产。产业成长性是对产业可持续性与投资回报的评估。产业成长程度指标是为评估产业成长而设计的指标。产业成长性对企业发展产生重要影响，其可通过产业成长程度指标体现出来，本书将产业成长性的三级指标归纳为产业成长程度指标。

D_4产业就业吸纳程度。产业就业吸纳程度是指一项产业能为社会提供的就业岗位，及产业对就业人员的吸引程度。产业就业吸纳程度是衡量产业社会贡献能力与产业发展能力的重要标准。产业就业弹性系数是产业就业情况与经济增长率的比值结果，是体现产业发展与产业经济效益的重要工具性系数。产业就业吸纳程度对企业竞争力的影响较大，对企业对外经营所需要的品牌与市场知名度，人才基数与人才素质均能产生影响。本书将产业就业吸纳程度的三级指标归纳为产业就业弹性系数。综合以上分析，将产业结构的各级指标展开，结果如图3-8所示。

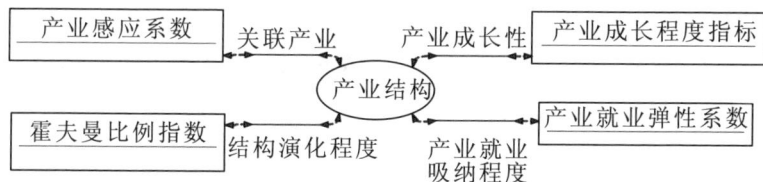

图3-8 产业结构编码示意图

3.4.5 机遇保障

本书在理论编码过程中将两个二级编码知识产权保护以及全球化机遇归纳到选择编码指标机遇保障当中，其具体内涵分析如下：

E_1知识产权保护。知识产权是以著作权、专利及外观设计等为内容的相关权利的综合，是企业的竞争力体系组成部分之一。知识产权属企业的无形竞争力，其不仅能为企业发展提供无形竞争力的支持，还能产生生产价值。

区域范围内知识产权支持与保护力度主要体现在律师人数比例、律师知识产权案件的代理数、企业知识产权代理人人数及企业知识产权代理机构代理案件数。其中，律师人数比例能够说明区域范围内知识产权保护能够获得律师支持的概率。当律师人数比例较高时，区域范围内，知识产权能够获得支持的概率较高。因而，本书将知识产权保护的三级指标归纳为：律师人数比例、律师知识产权案件的代理数、企业知识产权代理人人数及企业知识产权代理机构代理案件数。

E_2全球化机遇。全球化机遇是基于全球化发展而为企业带来的相关发展机会的总称，全球化为企业发展拓展市场的同时，也为企业对接了资源，招揽了人才。在全球化的背景下，企业境外子公司数量、国际融资规模及境外公司职员比例与境外利润占总利润比例均是企业利用全球化机遇的重要体现。其中，境外子公司数量越多，企业向外发展的能力越强。同时，境外子公司数量也是企业竞争境外资源的主要依靠。国际融资规模体现了企业对国际资本的利用情况，对国际资本的利用情况决定了企业在国际市场的拓展能力。境外公司职员比例是企业使用境外人力资源的体现，境外公司职员所占比例较高时，说明企业更具国际竞争力。境外利润占总利润比例是企业利用境外资源效果的综合体现，境外利润比例越高，说明企业在国际市场的竞争力越强。

由此可见，企业利用境外资源的能力是企业竞争力的有效体现。基于此，本书将全球化机遇的三级指标归纳为：企业境外子公司数量、国际融资规模、境外公司职员比例及境外利润占总利润比例，如图3-9所示。

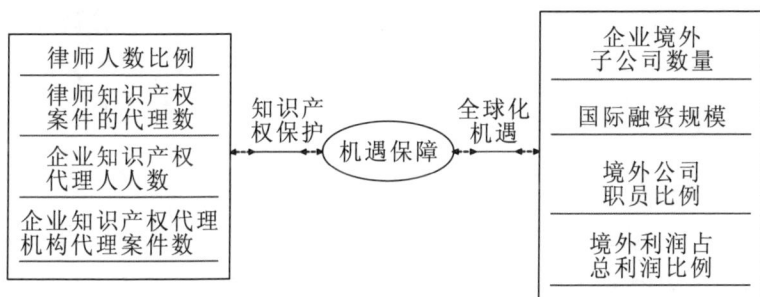

图3-9 机遇保障编码示意图

3.4.6 核心人才资源

在对台资企业研究的过程中，笔者发现有许多因素对台资企业竞争力的建构产生影响，但是在经过与专家、学者的访谈后，通过扎根理论的方式，发现台资企业竞争力因素是不断变化的，但最重要的是核心人才资源。核心人才资源是不同于其他文献中对于台资企业的研究，属于本书扎根理论分析的核心特质之一。核心人才资源是当下台资企业能够有别于其他企业的重要资源禀赋。经过后续分析可知主要涉及台籍的核心人才与收入分配，这两点极大地影响了核心人才作用的发挥及其流动性与忠诚度。本书在理论编码过程中将两个二级编码台籍核心人才、收入分配归纳到选择编码指标核心人才资源当中，其具体内涵分析如下：

F_1 台籍核心人才。粤港澳大湾区台资企业与其他企业的重要不同是这些企业拥有良好的台资企业基因，这种基因最直接的传承就是台籍核心人才。在台资企业中，通过台籍员工教育水平和台籍员工培训水平可以很好地传递台资企业管理精髓与文化内核。基于此，本书将台籍核心人才的三级指标归纳为：台籍员工教育水平、台籍管理层教育水平、台籍员工培训水平及台籍员工沟通渠道。

F_2 收入分配。公司运营是以盈利为导向的，需要考虑收入分配问题。粤港澳大湾区中的台资企业收入分配与其他企业相比具有很强的优势。在调研中，台资企业负责人非常明确指出员工的收入分配能够起到推动公司迅速发展的作用，也是激发员工工作积极性的一种重要手段，因而台资企业在收入分配方面较为大方。为此，对台资企业员工收入进行详细研究，可以更好地理解台资企业核心人才资源。基于此，本书将收入分配的三级指标归纳为：员工收入、管理层收入及研发人员收入水平，如图3-10所示。

图3-10　核心人才资源编码示意图

3.4.7 营商环境

本书在理论编码过程中将三个二级编码公共服务、政府政策以及企业关系归纳到选择编码指标营商环境当中，其具体内涵分析如下：

G_1公共服务。企业在日常发展经营的过程中面临着社会问题的影响。地方政府如果能够提供完善的公共服务，可以使企业较好较快地发展；如果公共服务平台存在较多问题，将会影响到企业整体战略布局和发展速度。基于此，本书将公共服务的三级指标归纳为服务平台和服务完善情况。

G_2政府政策。粤港澳大湾区通过出台相关企业优惠政策吸引投资。同时，企业也会拉动地方经济，增加就业，政府则会通过税收优惠进一步促进企业良性发展，使其扩大规模，加速企业发展，实现良性循环。由于地方政府现行的法规部分较为庞杂，如果政府不简政放权，简化企业审批流程和手续，则会影响当地企业处理问题的积极性，进而阻碍企业发展。基于此，本书将政府政策的三级指标归纳为：政府推广、税收优惠及行政制度。

G_3企业关系。企业并不能孤立地存在于整个社会环境之中，企业在营商环境中要接受政府的扶持和监督，同时又要服务社会，并受社会大众的监督。企业员工可以较好地融入社会之中，让社会更加了解企业，提升其口碑，尤其是在遇到危机的时候，可以与社会大众有效沟通，消除误会。台资企业用这种方式拉近企业与社会的关系，进而实现双赢。由此可知，企业需要与政

府、社会维持融洽的关系。基于此,本书将企业关系的三级指标
归纳为政府关系和社会关系,如图 3 – 11 所示。

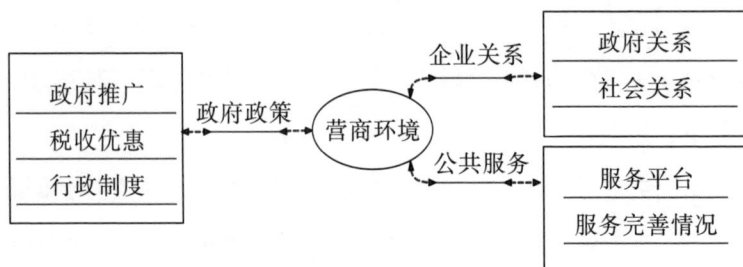

图 3 – 11 营商环境编码示意图

3.4.8 指标体系汇总

基于上述分析,运用扎根理论原理,本书通过开放编码、主
轴编码和选择编码三个步骤依次进行分析,自下而上地构建台资
企业综合经营评价指标体系,如表 3 – 4 所示。

表 3 – 4 评价指标体系

一级编码/开放编码 （三级指标）	二级编码/主轴编码 （二级指标）	三级编码/选择 编码（一级指标）
资产总额 X_1		
投资水平 X_2	A_1 资金要素	A 基础条件
自有资金 X_3		
贷款水平 X_4		

（续上表）

一级编码/开放编码 （三级指标）	二级编码/主轴编码 （二级指标）	三级编码/选择 编码（一级指标）
全员劳动生产率 X_1	A_2 基本人力要素	A 基础条件
全员劳动利润率 X_2		
员工平均受教育程度 X_3		
管理层受教育水平 X_4		
入职年限 X_5		
员工培训 X_6		
职工总数 X_7		
科研开发经费占销售额比重 X_1	A_3 技术创新	
职工中研发人员比重 X_2		
新产品投产率 X_3		
新产品产值率 X_4		
技术进步项目收益率 X_5		
专利数量 X_6		
生产设备更新速度 X_1	A_4 基础设施	
每年新设备投入 X_2		
员工机器操作比重 X_3		
资产总数 X_4		
固定资产投资总额 X_5		
当地 GDP 水平 X_1	B_1 宏观经济	B 社会环境
社会法制健全程度 X_2		
失业率 X_3		
本地企业补贴 X_4		
本地人口数量 X_1	B_2 人口结构	
人口受教育平均水平 X_2		

（续上表）

一级编码/开放编码 （三级指标）	二级编码/主轴编码 （二级指标）	三级编码/选择 编码（一级指标）
外来人口比重 X_3	B_2 人口结构	B 社会环境
劳动人口数量 X_4		
居民可支配收入 X_1	B_3 收入分配结构	
基尼系数 X_2		
现代企业制度的建立程度 X_1	C_1 企业制度文化	C 企业运营
现代企业制度动作效果 X_2		
企业凝聚力 X_3		
企业文化的先进性 X_4		
企业文化的国际性 X_5		
企业上下级渠道沟通 X_6		
部门协调 X_7		
品牌价值 X_1	C_2 企业市场营销	
品牌知名度 X_2		
广告与包装 X_3		
产品销售获利情况 X_4		
市场占有率 X_5		
产品美誉度 X_6		
国际认证情况 X_7		
应收账款周转率 X_1	C_3 企业盈利能力	
积压商品物资比率 X_2		
固定资产闲置率 X_3		
流动比率 X_4		
速动比率 X_5		
资本保值增值率 X_6		
资产负债率 X_7		
长期负债率 X_8		
现金净流量比率 X_9		

（续上表）

一级编码/开放编码 （三级指标）	二级编码/主轴编码 （二级指标）	三级编码/选择 编码（一级指标）
产业感应系数 X_1	D_1 关联产业	
霍夫曼比例指数 X_1	D_2 结构演化程度	
产业成长程度指标 X_1	D_3 产业成长性	D 产业结构
产业就业弹性系数 X_1	D_4 产业就业吸纳程度	
律师人数比例 X_1		
律师知识产权案件的代理数 X_2	E_1 知识产权保护	
企业知识产权代理人人数 X_3		
企业知识产权代理机构代理案件数 X_4		
企业境外子公司数量 X_1		E 机遇保障
国际融资规模 X_2	E_2 全球化机遇	
境外公司职员比例 X_3		
境外利润占总利润比例 X_4		
台籍员工教育水平 X_1		
台籍管理层教育水平 X_2	F_1 台籍核心人才	
台籍员工培训水平 X_3		
台籍员工沟通渠道 X_4		F 核心人才资源
员工收入 X_1		
管理层收入 X_2	F_2 收入分配	
研发人员收入水平 X_3		

（续上表）

一级编码/开放编码 （三级指标）	二级编码/主轴编码 （二级指标）	三级编码/选择编码（一级指标）
服务平台 X_1	G_1 公共服务	G 营商环境
服务完善情况 X_2		
政府推广 X_1	G_2 政府政策	
税收优惠 X_2		
行政制度 X_3		
政府关系 X_1	G_3 企业关系	
社会关系 X_2		

在理论饱和度检验方面，本书选取的文本材料共计 53 份，预留进行验证的材料数量为 11 份。借助 Nvivo 11 软件进行编码统计，在对 42 份文本材料进行具体编码的过程中，总结到第 37 份材料时，材料所提供的编码标签均能被纳入所设定的编码概念中，没能总结出新范畴与新概念。将预留验证的 11 份材料进行再次编码，也未发现新范畴或新概念，这表明该模型已经饱和。

3.5 数据信度与效度检验

3.5.1 样本选取

粤港澳大湾区为台资企业发展提供了良好的政策条件，同时，地域优势也为台资企业的早期入驻奠定了良好的发展基础。

现在台资企业已经在大湾区涵盖了多个行业，并形成了一定的集群效应。调查问卷样本的选择尽量涉及企业竞争力的各个细节方面，以确保研究结果的可信度。本书借助台资企业竞争力研究专家给出的建议，以粤港澳大湾区多领域台资企业为样本企业。关于影响台资企业竞争力变量的选取是结合之前研究分析以及当前粤港澳大湾区台资企业经营现状筛选而来的。本书论及的台资企业竞争力是一个综合的概念，非单一因素所形成。目前来说，任何一家企业谈及竞争力问题都会涉及多种指标，因此研究大湾区台资企业需要从多方面切入。但是每一种指标究竟对竞争力问题有多大的影响，是需要进行实证测度的。这些方面由于涉及的比较多，本书通过扎根理论分析做出了不同的编码，通过这些编码来进行相应的研究。为做好此项研究，本书采用线上与线下相结合的调查方式，通过设置大湾区台资企业、大湾区非台资企业和非大湾区台资企业三组样本，进行数据采集。

1. 大湾区台资企业与大湾区非台资企业样本的选择

在对大湾区台资企业与大湾区非台资企业进行竞争力分析时，笔者经过与大湾区内各台商协会商议，考虑到尽可能覆盖各主要行业的台资企业，根据台商协会会员情况，在扎根理论分析的基础之上，选取 50 家大湾区的台资企业。这些企业涉及的领域涵盖了机械制造企业、来料加工企业、五金电子企业、高新科技企业、其他典型企业等多个行业。这些大湾区的台资企业注册资金从 50 万元到 5 亿元不等，注册地点分布在广州、深圳、潮州、汕头等多个地市。在研究过程中笔者均与相关企业负责人取得良好沟通，以保证调查数据的真实有效，同时对于部分无法获取相关数据的企业进行了剔除。这些企业是根据台资企业竞争力专家建议和数据获得性问题筛选出来的，是典型的具有代表性的大湾区台资企业，以此来形成多元的企业样本。这种多元的样本展示了当前台资企业的整体水平。选取的 10 家大湾区的非台资企业以台资企业样本的相关领域和行业为范本，是来自不同领域不同行业多个地市的多家企业。企业具体分类列表如表 3 – 5 所示。

表 3 – 5 大湾区台资与大湾区非台资企业分类

	大湾区台资企业	大湾区非台资企业
机械制造企业	广州番禺宝得钟表有限公司 广州海鸥住工工业股份有限公司 正凌精密工业（广东）有限公司 渡边精密金属（珠海）有限公司 惠宏电线有限公司 广州泰胜数控机械有限公司 珠海市元田精密机电有限公司 惠东大通鞋业设备机械厂 广州全得不锈钢制品有限公司	广东省机床厂 广东斗门塑料厂
来料加工企业	广州丰铨鞋业有限公司 广州市益欣塑胶工业有限公司 广州美商波派皮具有限公司 东莞泽荣箱包有限公司 广州森国鞋业有限公司 广州市伟成鞋业有限公司 东莞台升家具有限公司 珠海市通晶塑胶制品有限公司 广州丽晖塑胶有限公司 广州国靖办公家具有限公司	广东民华印刷厂 广东玻璃厂

（续上表）

	大湾区台资企业	大湾区非台资企业
五金电子企业	广州市凯昌电子有限公司 广州千如电子有限公司 东莞恒涌电子制品有限公司 珠海市凯诺微电子有限公司 珠海承鸥卫浴用品有限公司 广州市曾本五金工业有限公司 东莞壮展电器制品有限公司 广州番禺昌森五金制品有限公司 东莞红旗五金制网有限公司 江门积依欧电子配件工业有限公司	广东半球股份有限公司 广东省铁合金厂
高新科技企业	万佳（珠海）磁性材料科技有限公司 珠海市臻的科技有限公司 珠海班尼戈节能科技有限公司 广东科筑住宅集成科技有限公司 珠海神创科技有限公司 珠海市茂田科技有限公司 广州美梦舒宝科技有限公司 广州华夏电子有限公司 太阳神（珠海）电子有限公司 广州荣丰电子有限公司	广东驰中有限公司 广东珠光集团有限公司
其他典型企业	横琴台商总部大厦有限公司 广州泽保贸易有限公司 广州市川承珠宝设计有限公司 珠海华兴物业管理有限公司 广州碧辉餐具公司 广州优瑞塑料有限公司 中山华庆泡绵制品有限公司 东莞市环华家居用品有限公司 广州惠兰儿童用品有限公司 广州群欣包装工业有限公司 广州泽荣旅行用品有限公司	广东强力啤酒厂 广东省药材公司

2. 非大湾区台资企业样本的选择

根据大湾区内台资企业样本的选取方式，笔者也与非大湾区台商协会进行了商议，选取 10 家具有代表性的非大湾区台资企业并获取了企业相关财务数据。企业具体分类列表如表 3 - 6 所示。在研究过程中，笔者均与相关台资企业负责人取得了良好沟通，以保证调查问卷数据的真实有效，同时对于部分无法获取相关数据的企业进行了剔除。根据多省市台商协会提供的信息，选取的不同领域不同行业多个省市的台资企业形成了大湾区台资企业与非大湾区台资企业的样本信息，以此来说明不同地域台资企业的竞争力问题，如表 3 - 6 所示。

表 3 - 6　大湾区台资与非大湾区台资企业分类

	大湾区台资企业	非大湾区台资企业
机械制造企业	广州番禺宝得钟表有限公司 广州海鸥住工工业股份有限公司 正凌精密工业（广东）有限公司 渡边精密金属（珠海）有限公司 惠宏电线有限公司 广州泰胜数控机械有限公司 珠海市元田精密机电有限公司 惠东大通鞋业设备机械厂 广州全得不锈钢制品有限公司	海南钟堡木业有限公司 上海盈欣塑胶有限公司

（续上表）

	大湾区台资企业	非大湾区台资企业
来料加工企业	广州丰铨鞋业有限公司 广州市益欣塑胶工业有限公司 广州美商波派皮具有限公司 东莞泽荣箱包有限公司 广州森国鞋业有限公司 广州市伟成鞋业有限公司 东莞台升家具有限公司 珠海市通晶塑胶制品有限公司 广州丽晖塑胶有限公司 广州国靖办公家具有限公司	苏州有巢氏家居有限公司 重庆国之四维卫浴有限公司
五金电子企业	广州市凯昌电子有限公司 广州千如电子有限公司 东莞恒涌电子制品有限公司 珠海市凯诺微电子有限公司 珠海承鸥卫浴用品有限公司 广州市曾本五金工业有限公司 东莞壮展电器制品有限公司 广州番禺昌森五金制品有限公司 东莞红旗五金制网有限公司 江门积依欧电子配件工业有限公司	群欣软管（昆山）有限公司 昆山冠智科技电子有限公司
高新科技企业	万佳（珠海）磁性材料科技有限公司 珠海市臻的科技有限公司 珠海班尼戈节能科技有限公司 广东科筑住宅集成科技有限公司 珠海神创科技有限公司 珠海市茂田科技有限公司 广州美梦舒宝科技有限公司 广州华夏电子有限公司 太阳神（珠海）电子有限公司 广州荣丰电子有限公司	武汉山水农业科技有限公司 吉安县本贤科技有限公司

（续上表）

	大湾区台资企业	非大湾区台资企业
其他典型企业	横琴台商总部大厦有限公司 广州泽保贸易有限公司 广州市川承珠宝设计有限公司 珠海华兴物业管理有限公司 广州碧辉餐具公司 广州优瑞塑料有限公司 中山华庆泡绵制品有限公司 东莞市环华家居用品有限公司 广州惠兰儿童用品有限公司 广州群欣包装工业有限公司 广州泽荣旅行用品有限公司	武汉台银房地产开发有限公司 上海齐海电子商务服务股份有限公司

　　将这些台资企业与非台资企业作为研究对象，通过调查问卷获得相关原始数据，详见表3-7、表3-8、表3-9。通过线上与线下相结合的方式，获得了70个样本公司的2 602份有效调查问卷，每份调查问卷中包括了171个细项，共计444 942条数据。

表3-7　样本A：粤港澳大湾区台资企业统计表

序号	公司名称	序号	公司名称
1	广州惠兰儿童用品有限公司	8	万佳（珠海）磁性材料科技有限公司
2	广州市凯昌电子有限公司	9	广州群欣包装工业有限公司
3	广州千如电子有限公司	10	东莞泽荣箱包有限公司
4	横琴台商总部大厦有限公司	11	珠海承鸥卫浴用品有限公司
5	东莞恒涌电子制品有限公司	12	广州市伟成鞋业有限公司
6	广州泽荣旅行用品有限公司	13	广州番禺宝得钟表有限公司
7	珠海市凯诺微电子有限公司	14	珠海市臻的科技有限公司

（续上表）

序号	公司名称	序号	公司名称
15	珠海班尼戈节能科技有限公司	33	东莞壮展电器制品有限公司
16	东莞台升家具有限公司	34	渡边精密金属（珠海）有限公司
17	中山华庆泡绵制品有限公司	35	惠宏电线有限公司
18	广州荣丰电子有限公司	36	广州泰胜数控机械有限公司
19	广州海鸥住工工业股份有限公司	37	广州番禺昌森五金制品有限公司
20	广州丽晖塑胶有限公司	38	太阳神（珠海）电子有限公司
21	广州泽保贸易有限公司	39	东莞红旗五金制网有限公司
22	广东科筑住宅集成科技有限公司	40	珠海市通晶塑胶制品有限公司
23	东莞市环华家居用品有限公司	41	广州市川承珠宝设计有限公司
24	广州市曾本五金工业有限公司	42	江门积依欧电子配件工业有限公司
25	正凌精密工业（广东）有限公司	43	珠海华兴物业管理有限公司
26	珠海神创科技有限公司	44	珠海市元田精密机电有限公司
27	珠海市茂田科技有限公司	45	广州美梦舒宝科技有限公司
28	广州优瑞塑料有限公司	46	广州碧辉餐具公司
29	惠东大通鞋业设备机械厂	47	广州全得不锈钢制品有限公司
30	广州国靖办公家具有限公司	48	广州丰铨鞋业有限公司
31	广州市益欣塑胶工业有限公司	49	广州华夏电子有限公司
32	广州美商波派皮具有限公司	50	广州森国鞋业有限公司

表 3-8 样本 B：粤港澳大湾区非台资企业统计表

序号	公司名称	序号	公司名称
1	广东驰中有限公司	6	广东省药材公司
2	广东珠光集团有限公司	7	广东民华印刷厂
3	广东玻璃厂	8	广东省机床厂
4	广东半球股份有限公司	9	广东省铁合金厂
5	广东强力啤酒厂	10	广东斗门塑料厂

表 3-9 样本 C：非粤港澳大湾区台资企业统计表

序号	公司名称	序号	公司名称
1	海南钟堡木业有限公司	6	武汉台银房地产开发有限公司
2	重庆国之四维卫浴有限公司	7	群欣软管（昆山）有限公司
3	昆山冠智科技电子有限公司	8	上海盈欣塑胶有限公司
4	苏州有巢氏家居有限公司	9	吉安县本贤科技有限公司
5	上海齐海电子商务服务股份有限公司	10	武汉山水农业科技有限公司

3.5.2 数据信度检验

数据信度是以稳定性与一致性为主要分析对象的一种验证标准。对具体数据量表中的一致程度与稳定程度进行验证，量表所呈现的数据信度越高，说明量表数据的一致性越高，越趋于稳定状态。同时，信度也反映了问卷的典型性程度，数据信度越高则说明问卷的内容具有越高的一致性，其所获取的信息也具有越高的信用价值，越适合做进一步实证分析。

数据信度的检验方法主要包括：重测分析法、折半分析法及Cronbach's alpha 系数分析法。这三种方法在实践中具有不同的优势，均能对数据进行有效的验证。在对调查问卷数据信度的分析中，Cronbach's alpha 系数分析法应用较为广泛。

笔者采用问卷调查的方法，在问卷调研的过程中，用数据手段记录了调查研究的整个过程。随后，对调查问卷内容进行了整理，针对其中存在模糊的地方，与企业负责人和相关专家进行了沟通与确认。同时，本书采用 Cronbach's alpha 系数分析法对问卷所取得

的数据量表进行信度分析。Cronbach's alpha 系数分析法认为，当取
得的计算系数超过 0.70 时，表示数据量表具有较高的信度。

由于调查问卷涉及七个维度的一级指标，每个一级指标下设
不同数量的题目。在信度检验过程中，本书对 2 602 份调查问卷
的调查结果分七个维度进行信度检验，以判断这七个维度调查结
果的可信程度。每个维度的信度检验结果如下：

1. 基础条件信度检验

基础条件信度检验结果，如表 3－10 所示。

表 3－10　基础条件信度检验

检验变量	Cronbach's alpha	Cronbach's alpha（标准）	项目数量
基础条件变量	0.827	0.804	22

Cronbach's alpha 系数大于 0.8，信度较高，表示基础条件维
度的调查问卷结果可信。

基础条件中各二级指标项总计统计结果，如表 3－11 所示。

表 3－11　基础条件中各二级指标项

指标	删除项后的标度平均值	删除项后的标度方差	修正后的项与总计相关性	删除项后的Cronbach's alpha
A_1资金要素	59.401	67.288	0.771	0.750
A_2基本人力要素	59.492	72.613	0.860	0.720
A_3技术创新	58.783	72.782	0.527	0.734
A_4基础设施	59.199	71.417	0.834	0.751

由表 3-11 中数据可知，基础条件二级指标的所有构成层面（简称"构面"）信度均大于 0.7，修正后的项与总计相关性大于 0.4，且去掉任何一个题项都不能使信度系数发生明显增大的变化，符合本书研究规定，故不删除量表的任何题项。

基础条件中各三级指标项总计统计结果，如表 3-12 所示。

表 3-12 基础条件中各三级指标项

指标	删除项后的标度平均值	删除项后的标度方差	修正后的项与总计相关性	删除项后的Cronbach's alpha
资产总额	60.108	67.614	0.508	0.764
投资水平	60.073	61.919	0.852	0.716
自有资金	61.552	70.209	0.764	0.737
贷款水平	61.962	60.272	0.726	0.732
全员劳动生产率	60.865	65.085	0.841	0.729
全员劳动利润率	61.652	63.284	0.643	0.761
员工平均受教育程度	60.987	72.841	0.798	0.748
管理层受教育水平	61.673	61.888	0.487	0.740
入职年限	61.953	62.674	0.431	0.834
员工培训	60.135	69.445	0.466	0.780
职工总数	61.378	66.111	0.732	0.858
科研开发经费占销售额比重	60.238	67.067	0.526	0.805
职工中研发人员比重	61.298	61.870	0.480	0.811

（续上表）

指标	删除项后的标度平均值	删除项后的标度方差	修正后的项与总计相关性	删除项后的Cronbach's alpha
新产品投产率	61.800	66.047	0.557	0.770
新产品产值率	61.915	64.115	0.427	0.877
技术进步项目收益率	61.900	67.988	0.450	0.823
专利数量	60.442	61.363	0.601	0.895
生产设备更新速度	61.145	68.859	0.611	0.852
每年新设备投入	60.845	60.468	0.834	0.792
员工机器操作比重	61.663	64.278	0.493	0.789
资产总数	61.323	67.660	0.422	0.888
固定资产投资总额	60.677	69.450	0.578	0.839

由表 3 - 12 中数据可知，基础条件三级指标的所有构面信度均大于 0.7，修正后的项与总计相关性大于 0.4，且去掉任何一个题项都不能使信度系数发生明显增大的变化，符合本书研究规定，故不删除量表的任何题项。

2. 社会环境信度检验

社会环境信度检验结果，如表 3 - 13 所示。

表 3 - 13 社会环境信度检验

检验变量	Cronbach's alpha	Cronbach's alpha（标准）	项目数量
社会环境变量	0.911	0.902	10

Cronbach's alpha 系数大于 0.9，信度较高，表示社会环境维度的调查问卷结果可信。

社会环境中各二级指标项总计统计结果，如表 3 - 14 所示。

表 3 - 14 社会环境中各二级指标项

指标	删除项后的标度平均值	删除项后的标度方差	修正后的项与总计相关性	删除项后的 Cronbach's alpha
B_1 宏观经济	26.020	38.331	0.806	0.825
B_2 人口结构	25.195	42.335	0.541	0.741
B_3 收入分配结构	25.167	35.777	0.810	0.799

由表 3 - 14 中数据可知，社会环境二级指标的所有构面信度均大于 0.7，修正后的项与总计相关性大于 0.4，且去掉任何一个题项都不能使信度系数发生明显增大的变化，符合本书研究规定，故不删除量表的任何题项。

社会环境中各三级指标项总计统计结果，如表 3 - 15 所示。

表 3 - 15　社会环境中各三级指标项

指标	删除项后的标度平均值	删除项后的标度方差	修正后的项与总计相关性	删除项后的Cronbach's alpha
当地 GDP 水平	25.757	34.274	0.832	0.834
社会法制健全程度	26.838	42.435	0.817	0.784
失业率	26.088	41.041	0.512	0.745
本地企业补贴	26.706	38.822	0.662	0.815
本地人口数量	26.050	34.066	0.654	0.874
人口受教育平均水平	25.259	33.513	0.499	0.767
外来人口比重	26.345	38.314	0.829	0.839
劳动人口数量	26.963	31.179	0.805	0.751
居民可支配收入	26.245	30.086	0.505	0.828
基尼系数	25.387	34.085	0.449	0.821

由表 3 - 15 中数据可知，社会环境三级指标的所有构面信度均大于 0.7，修正后的项与总计相关性大于 0.4，且去掉任何一个题项都不能使信度系数发生明显增大的变化，符合本书研究规定，故不删除量表的任何题项。

3. 企业运营信度检验

企业运营信度检验结果，如表 3 - 16 所示。

表 3 - 16　企业运营信度检验

检验变量	Cronbach's alpha	Cronbach's alpha（标准）	项目数量
企业运营变量	0.818	0.794	23

Cronbach's alpha 系数大于 0.8，信度较高，表示企业运营维度的调查问卷结果可信。

企业运营中各二级指标项总计统计结果，如表 3 - 17 所示。

表 3 - 17　企业运营中各二级指标项

指标	删除项后的标度平均值	删除项后的标度方差	修正后的项与总计相关性	删除项后的Cronbach's alpha
C_1 企业制度文化	60. 108	67. 614	0. 508	0. 764
C_2 企业市场营销	60. 073	61. 919	0. 852	0. 716
C_3 企业盈利能力	61. 552	70. 209	0. 764	0. 737

由表 3 - 17 中数据可知，企业运营二级指标的所有构面信度均大于 0.7，修正后的项与总计相关性大于 0.4，且去掉任何一个题项都不能使信度系数发生明显增大的变化，符合本书研究规定，故不删除量表的任何题项。

企业运营中各三级指标项总计统计结果，如表 3 - 18 所示。

表 3 - 18　企业运营中各三级指标项

指标	删除项后的标度平均值	删除项后的标度方差	修正后的项与总计相关性	删除项后的Cronbach's alpha
现代企业制度的建立程度	60. 955	71. 427	0. 713	0. 834
现代企业制度动作效果	26. 846	32. 414	0. 522	0. 716

（续上表）

指标	删除项后的标度平均值	删除项后的标度方差	修正后的项与总计相关性	删除项后的Cronbach's alpha
企业凝聚力	26.388	41.273	0.577	0.725
企业文化的先进性	25.650	33.001	0.644	0.738
企业文化的国际性	26.384	41.194	0.785	0.829
企业上下级渠道沟通	25.267	34.950	0.643	0.825
部门协调	25.162	33.771	0.808	0.758
品牌价值	25.807	39.182	0.880	0.727
品牌知名度	25.385	36.014	0.703	0.876
广告与包装	25.993	35.401	0.751	0.734
产品销售获利情况	26.396	42.826	0.495	0.778
市场占有率	25.152	35.361	0.566	0.800
产品美誉度	25.231	36.377	0.465	0.813
国际认证情况	25.686	37.693	0.734	0.862
应收账款周转率	26.823	41.796	0.507	0.728
积压商品物资比率	25.868	41.138	0.722	0.725
固定资产闲置率	26.166	36.779	0.893	0.771
流动比率	25.461	40.651	0.462	0.843
速动比率	25.229	37.208	0.569	0.723
资本保值增值率	25.222	30.715	0.837	0.808
资产负债率	26.771	35.808	0.624	0.845
长期负债率	25.496	40.901	0.522	0.835
现金净流量比率	25.427	42.233	0.533	0.848

由表3-18中数据可知，企业运营三级指标的所有构面信度均大于0.7，修正后的项与总计相关性大于0.4，且去掉任何一个

题项都不能使信度系数发生明显增大的变化，符合本书研究规定，故不删除量表的任何题项。

4. 产业结构信度检验

产业结构信度检验结果，如表 3 - 19 所示。

表 3 - 19　产业结构信度检验

检验变量	Cronbach's alpha	Cronbach's alpha（标准）	项目数量
产业结构变量	0.821	0.806	4

Cronbach's alpha 系数大于 0.8，信度较高，表示产业结构维度的调查问卷结果可信。

产业结构中各二级指标项总计统计结果，如表 3 - 20 所示。

表 3 - 20　产业结构中各二级指标项

指标	删除项后的标度平均值	删除项后的标度方差	修正后的项与总计相关性	删除项后的Cronbach's alpha
D_1 关联产业	9.623	6.693	0.844	0.704
D_2 结构演化程度	8.814	3.533	0.630	0.856
D_3 产业成长性	8.106	3.628	0.565	0.812
D_4 产业就业吸纳程度	8.530	3.103	0.540	0.851

由表 3 - 20 中数据可知，产业结构二级指标的所有构面信度

均大于 0.7，修正后的项与总计相关性大于 0.4，且去掉任何一个题项都不能使信度系数发生明显增大的变化，符合本书研究规定，故不删除量表的任何题项。

产业结构中各三级指标项总计统计结果，如表 3-21 所示。

表 3-21　产业结构中各三级指标项

指标	删除项后的标度平均值	删除项后的标度方差	修正后的项与总计相关性	删除项后的Cronbach's alpha
产业感应系数	9.623	6.693	0.844	0.704
霍夫曼比例指数	8.814	3.533	0.630	0.856
产业成长程度指标	8.106	3.628	0.565	0.812
产业就业弹性系数	8.530	3.103	0.540	0.851

同样地，由表 3-21 中数据可知，产业结构三级指标的所有构面信度均大于 0.7，修正后的项与总计相关性大于 0.4，且去掉任何一个题项都不能使信度系数发生明显增大的变化，符合本书研究规定，故不删除量表的任何题项。

5. 机遇保障信度检验

机遇保障信度检验结果，如表 3-22 所示。

表 3-22　机遇保障信度检验

检验变量	Cronbach's alpha	Cronbach's alpha（标准）	项目数量
机遇保障变量	0.855	0.839	8

Cronbach's alpha 系数大于 0.8，信度较高，表示机遇保障维度的调查问卷结果可信。

机遇保障中各二级指标项总计统计结果，如表 3-23 所示。

表 3-23　机遇保障中各二级指标项

指标	删除项后的标度平均值	删除项后的标度方差	修正后的项与总计相关性	删除项后的Cronbach's alpha
E_1 知识产权保护	25.013	34.044	0.437	0.816
E_2 全球化机遇	26.721	38.771	0.510	0.789

由表 3-23 中数据可知，机遇保障二级指标的所有构面信度均大于 0.7，修正后的项与总计相关性大于 0.4，且去掉任何一个题项都不能使信度系数发生明显增大的变化，符合本书研究规定，故不删除量表的任何题项。

机遇保障中各三级指标项总计统计结果，如表 3-24 所示。

表 3-24　机遇保障中各三级指标项

指标	删除项后的标度平均值	删除项后的标度方差	修正后的项与总计相关性	删除项后的Cronbach's alpha
律师人数比例	25.167	23.683	0.773	0.858
律师知识产权案件的代理数	25.542	30.836	0.897	0.705

（续上表）

指标	删除项后的标度平均值	删除项后的标度方差	修正后的项与总计相关性	删除项后的Cronbach's alpha
企业知识产权代理人人数	25.188	28.221	0.887	0.731
企业知识产权代理机构代理案件数	26.368	29.242	0.413	0.744
企业境外子公司数量	25.432	23.609	0.707	0.790
国际融资规模	25.892	27.925	0.876	0.799
境外公司职员比例	26.239	24.777	0.604	0.782
境外利润占总利润比例	26.073	31.039	0.697	0.815

由表 3 - 24 中数据可知，机遇保障三级指标的所有构面信度均大于0.7，修正后的项与总计相关性大于0.4，且去掉任何一个题项都不能使信度系数发生明显增大的变化，符合本书研究规定，故不删除量表的任何题项。

6. 核心人才资源信度检验

核心人才资源信度检验结果，如表 3 - 25 所示。

表 3 - 25　核心人才资源信度检验

检验变量	Cronbach's alpha	Cronbach's alpha（标准）	项目数量
核心人才资源变量	0.952	0.947	7

Cronbach's alpha 系数大于 0.9，信度较高，表示核心人才资源维度的调查问卷结果可信。

核心人才资源中各二级指标项总计统计结果，如表 3 – 26 所示。

表 3 – 26　核心人才资源中各二级指标项

指标	删除项后的标度平均值	删除项后的标度方差	修正后的项与总计相关性	删除项后的 Cronbach's alpha
F_1 台籍核心人才	17.048	27.098	0.630	0.774
F_2 收入分配	18.400	27.254	0.552	0.830

由表 3 – 26 中数据可知，核心人才资源二级指标的所有构面信度均大于 0.7，修正后的项与总计相关性大于 0.4，且去掉任何一个题项都不能使信度系数发生明显增大的变化，符合本书研究规定，故不删除量表的任何题项。

核心人才资源中各三级指标项总计统计结果，如表 3 – 27 所示。

表 3 – 27　核心人才资源中各三级指标项

指标	删除项后的标度平均值	删除项后的标度方差	修正后的项与总计相关性	删除项后的 Cronbach's alpha
台籍员工教育水平	17.868	27.354	0.605	0.864

（续上表）

指标	删除项后的标度平均值	删除项后的标度方差	修正后的项与总计相关性	删除项后的Cronbach's alpha
台籍管理层教育水平	17.228	22.633	0.495	0.747
台籍员工培训水平	17.861	24.521	0.410	0.857
台籍员工沟通渠道	17.284	26.891	0.410	0.757
员工收入	18.120	25.690	0.646	0.710
管理层收入	18.975	20.120	0.818	0.711
研发人员收入水平	18.849	22.877	0.435	0.733

由表 3 - 27 中数据可知，核心人才资源三级指标的所有构面信度均大于 0.7，修正后的项与总计相关性大于 0.4，且去掉任何一个题项都不能使信度系数发生明显增大的变化，符合本书研究规定，故不删除量表的任何题项。

7. 营商环境信度检验

营商环境信度检验结果，如表 3 - 28 所示。

表 3 - 28 营商环境信度检验

检验变量	Cronbach's alpha	Cronbach's alpha（标准）	项目数量
营商环境变量	0.958	0.954	7

Cronbach's alpha 系数大于 0.9，信度较高，表示营商环境维度的调查问卷结果可信。

营商环境中各二级指标项总计统计结果，如表 3 – 29 所示。

表 3 – 29　营商环境中各二级指标

指标	删除项后的标度平均值	删除项后的标度方差	修正后的项与总计相关性	删除项后的Cronbach's alpha
G_1 公共服务	27.453	55.431	0.542	0.820
G_2 政府政策	28.581	54.733	0.406	0.769
G_3 企业关系	28.786	52.298	0.882	0.833

由表 3 – 29 中数据可知，营商环境二级指标的所有构面信度均大于 0.7，修正后的项与总计相关性大于 0.4，且去掉任何一个题项都不能使信度系数发生明显增大的变化，符合本书研究规定，故不删除量表的任何题项。

营商环境中各三级指标项总计统计结果，如表 3 – 30 所示。

表 3 – 30　营商环境中各三级指标

指标	删除项后的标度平均值	删除项后的标度方差	修正后的项与总计相关性	删除项后的Cronbach's alpha
服务平台	28.524	58.824	0.634	0.769
服务完善情况	28.343	53.443	0.785	0.734
政府推广	27.130	58.030	0.435	0.827
税收优惠	28.640	53.868	0.576	0.875

（续上表）

指标	删除项后的标度平均值	删除项后的标度方差	修正后的项与总计相关性	删除项后的Cronbach's alpha
行政制度	28.788	54.874	0.817	0.747
政府关系	27.486	53.863	0.486	0.843
社会关系	27.141	53.059	0.587	0.825

　　由表 3 - 30 中数据可知，营商环境三级指标的所有构面信度均大于 0.7，修正后的项与总计相关性大于 0.4，且去掉任何一个题项都不能使信度系数发生明显增大的变化，符合本书研究规定，故不删除量表的任何题项。

3.5.3　数据效度检验

　　数据效度是指检验研究中所采用的研究手段与研究工具能否准确测试出研究对象的性质的一种验证标准。本书采用的 KMO 检验法与 Bartlett 球体检验法对项目之间是否具备因子检验的条件进行验证，其后分析项目的因子载荷情况，并用因子载荷情况来判断本书研究的效度情况。

　　本书以 2 602 份调查问卷的所有有效题目为研究样本，采用 SPSS 软件对项目变量进行效度检验，其分析结果如表 3 - 31 所示。

表 3 - 31　数据量表效度检验（KMO 与 Bartlett）统计表

KMO 度量（取样满足足够度要求）		0.925
Bartlett 检验	chi2	26 654.768
	df	2 224
	Sig	0.000

由表 3 - 31 的统计结果可知，KMO 检验结果为 0.925，结果超过 0.8，可认定项目间的联系性较强。同时，Bartlett 检验结果显示：显著度为 0.000，这表示变量间存在独立性的假设被 Bartlett 检验所否定。综合验证结果表明：项目变量间具有良好的相关性，可以对项目变量进行进一步降维分析。

3.6　指标体系的相关性计算

做完针对问卷的信度与效度分析后，本书使用 SPSS 软件进行相关性分析，结果如表 3 - 32 所示。

表 3 - 32　一级指标 Pearson 相关性分析

	A 基础条件	B 社会环境	C 企业运营	D 产业结构	E 机遇保障	F 核心人才资源	G 营商环境
A 基础条件	1	0.343***	0.223***	0.215*	0.332***	0.224***	0.252***
		0.000	0.000	0.013	0.000	0.000	0.000

（续上表）

	A 基础条件	B 社会环境	C 企业运营	D 产业结构	E 机遇保障	F 核心人才资源	G 营商环境
B 社会环境	0.343***	1	0.514***	0.444***	0.551***	0.541***	0.331***
	0.000		0.000	0.000	0.000	0.000	0.000
C 企业运营	0.223***	0.514***	1	0.313***	0.431***	0.455***	0.414***
	0.000	0.000		0.001	0.000	0.000	0.000
D 产业结构	0.215*	0.444***	0.313***	1	0.333***	0.334***	0.455***
	0.013	0.000	0.001		0.002	0.002	0.000
E 机遇保障	0.332***	0.551***	0.431***	0.333***	1	0.230***	0.422***
	0.000	0.000	0.000	0.002		0.000	0.000
F 核心人才资源	0.224***	0.541***	0.455***	0.334***	0.230***	1	0.405***
	0.000	0.000	0.000	0.002	0.000		0.000
G 营商环境	0.252***	0.331***	0.414***	0.455***	0.422***	0.405***	1
	0.000	0.000	0.000	0.000	0.000	0.000	

注：***在0.01量信级别（双尾）的相关性显著。

由表3-32可知，在一级指标中，通过对基础条件、社会环境、企业运营、产业结构、机遇保障、核心人才资源以及营商环境七个指标之间进行相关性分析，可以发现各个指标间的相关性较小，可忽略多重共线性问题。

在对一级指标进行Pearson相关性分析后，在此基础上本书针对各个二级、三级指标与企业竞争力之间的关系也分别进行了相关性分析，其结果如表3-33、表3-34所示。

表 3 – 33　二级指标 Pearson 相关性分析

	A_1	A_2	A_3	A_4	B_1	B_2	B_3	C_1	C_2
A_1	1	0.276*	0.244*	0.263*	0.154	0.235	0.261*	0.368***	0.393***
A_2	0.276*	1	0.366***	0.402***	0.308***	0.538***	0.204	0.600***	0.644***
A_3	0.244*	0.366***	1	0.461***	0.443***	0.491***	0.172	0.610***	0.567***
A_4	0.263*	0.402***	0.461***	1	0.276*	0.512***	0.115	0.538***	0.517***
B_1	0.154	0.308***	0.443***	0.276*	1	0.293*	0.204	0.451***	0.346***
B_2	0.235	0.538***	0.491***	0.512***	0.293*	1	0.191	0.503***	0.498***
B_3	0.261*	0.204	0.172	0.115	0.204	0.191	1	0.228	0.227
C_1	0.368***	0.600***	0.610***	0.538***	0.451***	0.503***	0.228	1	0.763***
C_2	0.393***	0.644***	0.567***	0.517***	0.346***	0.498***	0.227	0.763***	1
C_3	0.203	0.491***	0.548***	0.637***	0.398***	0.568***	0.144	0.710***	0.688***
D_1	-0.052	0.143	0.070	0.081	0.361***	0.059	0.142	0.320***	0.075
D_2	0.094	0.297*	0.263*	0.168	0.165	0.368***	0.111	0.295*	0.294*
D_3	0.152	0.080	0.082	0.252*	-0.051	0.178	0.113	0.048	0.191
D_4	0.073	0.162	0.253*	0.127	0.232	0.291*	0.251*	0.291*	0.204
E_1	0.083	0.444***	0.428***	0.404***	0.432***	0.523***	0.120	0.633***	0.598***
E_2	0.300*	0.599***	0.498***	0.448***	0.366***	0.484***	0.110	0.712***	0.734***

注：＊＊＊在 0.01 量信级别（双尾）的相关性显著；＊在 0.05 置信级别（双尾）的相关性显著。

表 3 – 34　三级指标 Pearson 相关性分析

	A_1X_1	A_1X_2	A_1X_3	A_1X_4	A_2X_1	A_2X_2	A_2X_3	A_2X_4
A_1X_1	1	-0.055	0.051	0.213	0.132	0.053	0.229	0.115
A_1X_2	-0.055	1	0.081	0.019	0.196	0.076	-0.035	0.132
A_1X_3	0.051	0.081	1	0.115	0.112	0.233	0.087	0.115
A_1X_4	0.213	0.019	0.115	1	0.213	-0.069	0.005	-0.037

（续上表）

	A_1X_1	A_1X_2	A_1X_3	A_1X_4	A_2X_1	A_2X_2	A_2X_3	A_2X_4
A_2X_1	0.132	0.196	0.112	0.213	1	0.237*	0.275*	0.223
A_2X_2	0.053	0.076	0.233	-0.069	0.237*	1	0.210	-0.055
A_2X_3	0.229	-0.035	0.087	0.005	0.275*	0.210	1	0.334**
A_2X_4	0.115	0.132	0.115	-0.037	0.223	-0.055	0.334***	1

注：＊＊＊在 0.01 量信级别（双尾）的相关性显著；＊在 0.05 置信级别（双尾）的相关性显著。

根据表 3-33 可知，依据二级指标中的资金要素、基本人力要素、技术创新、基础设施、宏观经济、人口结构、收入分配结构、企业制度文化、企业市场营销、企业盈利能力、关联产业、结构演化程度、产业成长性、产业就业吸纳程度、知识产权保护、全球化机遇、台籍核心人才、收入分配、公共服务、政府政策、企业关系之间的相关性可以看出，绝大部分指标间的相关性较小，可忽略多重共线性问题。

从上述分析可以看出，在三级指标中，各要素指标之间存在较弱的相关性，总体上来说，可不考虑各指标之间存在多重共线性问题，采用分析的数据结果较为可靠。

综上，各项之间具备进行模糊物元分析的条件。

4 基于 DEA 的台资企业竞争力评价分析

4.1 研究方法

数学模型法是依据研究对象的具体特征，为分析其数量关系与依存关系，采用数学语言建构模型的一种研究方法。学术界关于数学模型法的内涵存在分歧，形成的观点主要可分为广义与狭义两种。广义的观点认为，数学模型中包括模型概念、公式概念等相关概念，这些概念都是从原型中抽象而来的数学概念，并将数学模型评价作为计量分析的实证方案。狭义的观点认为，数学模型是利用数学关系结构反映实务中特定问题或具体对象的一种研究方法。

在具体编制模型时，应坚持精确性与模糊性相结合的原则。精确性要求所设计的数学模型具有清晰明确的内涵与外延，其数学表达能够清晰反映研究对象的情况。同时，数学模型也要具有一定的模糊性，针对研究对象的内涵、外延可进行模糊性描述。精确性与模糊性的统一是针对实务中确定性与变动性的需求而设计的。模型既要满足实务的确定性，也要满足实务的变动性。

通过数学模型法，本书可以对影响企业竞争力的各个因素进行剥离，使抽象化的影响因素具体起来，通过构造数学模型，使得各个因素之间的相互关系更加清晰，也更有利于因素的具体化测量。在对台资企业构建评价指标体系时，由于粤港澳大湾区内的台资企业众多，调查的数据指标也更为复杂，因此本书采用模糊物元分析法，对统计的数据指标按照模糊物元的方式进行无量纲化。这个过程中，本书采用权重计算法对不同指标的核算赋值不同的权重。由于企业竞争力与生产效率有直接关系，为此，本书采用 DEA 模型对企业的竞争力进行科学量化。根据这些研究需要，本书主要采用了模糊物元分析法、权重计算法及 DEA 模型，具体方法如下。

4.1.1　模糊物元分析法

由于影响企业竞争力的因素繁多，各个因素之间很有可能存在重复效应、相互作用等问题，为了解决影响因素过于烦杂多乱的问题，笔者对这些因素进行模糊物元分析，通过这种降维的方法来确定主要的影响变量。

具体来说，模糊物元分析法从指标的内部依赖性入手，通过矩阵分析，将指标中信息重叠或关系复杂的情况，归结为部分彼此间不具备相关性的因子。针对因子情况，笔者通过多元统计分析的方法得出相应的结论。模糊物元分析法主要进行探索性特征分析，从而发掘隐形因子的存在。模糊物元分析能在实证分析中针对不同变量的共性特征形成一项因子。在具体分析的过程中，它能有效减少变量因子的数量，同时有助于验证各个变量之间的假设关系。

模糊物元分析法的基本思路为：依据不同的相关性对变量进行分组，位于同一组别内，相应变量间应具有较高的相关性，而不同组别间变量的相关性较低。每一组变量应代表一项基本的结构，即每组变量应存在公共因子。模糊物元分析法的具体步骤为：第一步，对选取的数据样本做标准化处理；第二步，依据样本构建相关的矩阵；第三步，通过矩阵计算相关特征根值与特征向量；第四步，通过累计贡献率计算相应的主因子数量；第五步，将主因子代入载荷矩阵；第六步，明确最终的因子模型；第七步，依据计算结果，对因子系统进行分析。

结合不同分析方法的特征与优势，并基于指标特征，本书选取模糊物元分析法进行客观分析评价，对各因素指标进行降维处理和权重复制，获得更为科学、系统的指标体系。

本书采用模糊物元分析法针对所有指标和变量的内在关系与外在联系，将所有的变量进行分组并且相互分析，确定自变量与因变量之间的必然联系，同时消除具有主观因素的非主要变量，或者将主观因素比较强烈的主要变量限定为控制变量，以追求最终计算结果和研究结论的客观性。从信息论的角度来看，信息是对系统有序程度的衡量；相反，熵是对系统无序程度的衡量。而在对指标体系进行评价的具体过程中，熵值的大小取决于指标量值的变异程度：变异程度高，说明该指标体系包含的信息全面，其对系统的信息贡献度高，因而不确定性小，该指标的熵值低而权重大；反之，变异程度低，则指标的熵值高而权重小。本书采用熵值法计算指标权重，具体计算过程如下：

第一步，对初始矩阵 $R = (x_{ij})_{mn}$ 进行归一化处理，从而得到归一化的判断矩阵 $B = (b_{ij})_{mn}$。其中：

$$b_{ij} = \frac{x_{ij} - \min x_{ij}}{\max x_{ij} - \min x_{ij}} \tag{4-1}$$

式（4-1）中，$\max x_{ij}$（$\min x_{ij}$）代表同一特征下不同事物

的最满意值（最不满意值）。

第二步，根据信息论中熵的定义，计算 j 项事件 i 项特征的熵 H_i：

$$H_i = -\frac{1}{\ln n}\left[\sum_{j=1}^{n} f_{ij}\ln f_{ij}\right] \qquad (4-2)$$

其中：

$$f_{ij} = \frac{b_{ij}}{\sum\limits_{j=1}^{n} b_{ij}} \qquad (4-3)$$

当 $b_{ij} = 0$ 时，f_{ij} 为 0，此时 $\ln f_{ij}$ 为无限值，因此需要对 b_{ij} 进行平移。其修正公式为：

$$f_{ij} = \frac{A + b_{ij}}{\sum\limits_{j=1}^{n}(A + b_{ij})} \qquad (4-4)$$

式中，A 为平移幅度，本书取值为 1。

第三步，计算特征的熵权：

$$\omega_i = \frac{1 - H_i}{m - \sum\limits_{i=1}^{m} H_i} \qquad (4-5)$$

式中，ω_i 满足 $\sum\limits_{i=1}^{m} \omega_i = 1$。

第四步，采用欧式距离计算事物的贴近度（ρH_j）以及综合模糊物元（$R\rho H$）：

$$\rho H_j = 1 - \sqrt{\sum_{i=1}^{m} \omega_i \Delta_{ij}} \qquad (4-6)$$

$$R\rho H = \begin{bmatrix} & M_1 & M_2 & \cdots & M_n \\ \rho H_j & \rho H_1 & \rho H_2 & \cdots & \rho H_n \end{bmatrix} \qquad (4-7)$$

其中贴近度用来衡量各事物与最优事物的接近程度，其值越大说明被衡量的事物越接近最优事物。

4.1.2　面板数据的模糊物元

上述模糊物元分析法可直接用来处理截面数据或时间序列数据，但若将其应用于面板数据，则需对数据进行降维处理，即将不同年份的事物视为新事物纳入原 m 维复合物元 $R_{m \times n}$ 中，从而构造如下的新 m 维复合物元 $R_{m \times n}(y)$：

$$R_{m \times n}(y) = \begin{bmatrix} x_{11}(1) & \cdots & x_{1n}(t) \\ \vdots & & \vdots \\ x_{m1}(1) & \cdots & x_{mn}(t) \end{bmatrix} \qquad (4-8)$$

其中，$x_{ij}(y)(y = 1, 2, \cdots, t)$ 表示第 y 年第 i 个事物第 j 个特征所对应的量值。

由于面板数据复合物元 $R_{m \times n}(y)$ 吸收了时间与事物两个维度的信息，因此保持了组间差异，最后使用欧式距离计算得到的贴近度具有可比性。

权重是独立指标在指标系统中重要性的体现，指标的权重反映了指标对系统的影响程度。明确权重情况将直接影响指标的最终评价。目前，实务中使用的赋权方法主要为模糊物元赋权法，这种方法在确定权重时具有一定的优势，能针对目标规划进行非定量分析，能够做到在保留层次化的基础上，对复杂问题进行简化处理。因此，其在实务中得到了较为广泛的应用。鉴于本书在指标设计过程中，并未对台资企业竞争力构成因素进行权重赋值，因此指标数据可能需要进一步修正完善。

4.1.3 不同权重计算方法分析

为使各项评价指标具有可比性，需要对各项指标的原始数值进行标准化的处理，以便消除量纲，得到标准化后的数值，并以此作为评价的基础。为此，本书将采用层次分析法、熵权法以及组合赋权法相结合的方式对企业竞争力的各项指标权重进行计算。

熵权法是赋权分析中的一种客观赋值方法，相较于主观赋权法而言，熵权法的适用性更强，能够应用于赋权过程中的各个阶段。同时，熵权法也可以与其他方法一起使用，是实务中分析指标权重体系的主要方法。

熵权法的计算过程包括原始数据获取与处理无量纲化两部分。

第一，原始数据获取。

获取原始数据后，依据原始数据构建矩阵。设定存在 n 个指标对象的情况下，设计 m 个相关指标，从而形成原始矩阵。

$$X = \begin{bmatrix} x_{11} & x_{12} & \cdots & x_{1n} \\ x_{21} & x_{22} & \cdots & x_{2n} \\ \vdots & \vdots & & \vdots \\ x_{m1} & x_{m2} & \cdots & x_{mn} \end{bmatrix}_{m \times n} \tag{4-9}$$

第二，原始数据处理无量纲化。

数据属性与数量纲间存在差异，两者在指标体系中，往往不存在可比性。因此，针对原始数据进行无量纲化处理，可以消除数量纲对原始数据的影响，使指标在综合评价中维持向相同方向作用。

在实际的评价体系中，存在三种常见的指标类型，分别为正向、逆向与适度指标。针对指标间的模糊性，本书采用量化模糊的方法对指标进行无量纲化处理，从而实现在保证可比性与差异性的基础上，消除数据指标间量纲的影响。无量纲化处理的具体计算方法分为两种：

针对正向指标进行处理时，其所依据的公式为：

$$a_{ij} = \frac{x_{ij} - \min\limits_{1 \leq i \leq m} x_{ij}}{\max\limits_{1 \leq i \leq m} x_{ij} - \min\limits_{1 \leq i \leq m} x_{ij}} (\min\limits_{1 \leq i \leq m} x_{ij} \leq x_{ij} \leq \max\limits_{1 \leq i \leq m} x_{ij})。 当 \ x_{ij} =$$

$\max\limits_{1 \leq i \leq m} x_{ij}$ 时，则 $a_{ij} = 1$；而当 $x_{ij} = \min\limits_{1 \leq i \leq m} x_{ij}$ 时，则 $a_{ij} = 0$。x_{ij} 对应 j 的项目，i 的原始值：设定 m 为评价指标数量，n 为评价对象数量时，应维持 $1 \leq i \leq m$；$1 \leq j \leq n$。

针对逆向指标进行处理时，其所依据的公式为：

$$a_{ij} = \frac{\max\limits_{1 \leq i \leq m} x_{ij} - x_{ij}}{\max\limits_{1 \leq i \leq m} x_{ij} - \min\limits_{1 \leq i \leq m} x_{ij}} (\min\limits_{1 \leq i \leq m} x_{ij} \leq x_{ij} \leq \max\limits_{1 \leq i \leq m} x_{ij})。 当 \ x_{ij} =$$

$\max\limits_{1 \leq i \leq m} x_{ij}$ 时，则 $a_{ij} = 0$；当 $x_{ij} = \min\limits_{1 \leq i \leq m} x_{ij}$ 时，则 $a_{ij} = 1$。x_{ij} 对应 j 的项目，i 的原始值：设定 m 为评价指标数量，n 为评价对象数量时，应维持 $1 \leq i \leq m$；$1 \leq j \leq n$。

为了保证求得的无量纲数值对函数计算的结果具有有效性，在具体的实务应用中一般采用功效数值法对结果进行修正。本书借鉴吴钰妍和王妹（2020）采用功效系数法对各指标赋值时的研究方法，以 0.6 作为分界线，0.6 以下表示不合格，0.6 以上表示合格。其计算方法可以设定为：$y_{ij} = a_{ij} \times 0.4 + 0.6$；在此公式默认含义中，合格的修正结果应为任意 y_{ij} 的值都维持在 $0.6 \leqslant y_{ij} \leqslant 1$。在具体评价的过程中，评价值越大，表示对结果的说明越好。归纳评价结果后，可得到新的评价矩阵：

$$Y = \begin{bmatrix} y_{11} & y_{12} & \cdots & y_{1n} \\ y_{21} & y_{22} & \cdots & y_{2n} \\ \vdots & \vdots & & \vdots \\ y_{m1} & y_{m2} & \cdots & y_{mn} \end{bmatrix}_{m \times n} \quad (4-10)$$

在取得修正结果后，应计算修正结果的特征比重，其具体计算方法为：$p_{ij} = \dfrac{y_{ij}}{\sum\limits_{j=1}^{n} y_{ij}}$。其中，$i = 1, 2, 3, \cdots, m$；而 $j = 1, 2, 3, \cdots, n$，p_{ij} 表示 i 指标下，j 样本的比重值。

最后，在比重结果的基础上，计算指标 i 的熵权数值，其具体计算方法为：$e_i = k \sum\limits_{j=1}^{n} p_{ij} \ln p_{ij}$，其中 $k = \dfrac{1}{\ln n}$。一般意义上，比重值的差异性越大，熵值的数值就越小；而比重值的差异性越小，熵值的数值就越大。因此，当发现计算得出的熵值较大时，则表示样本比重之间的差异较小，其所提供的信息量较少。因此，应剔除这一样本，以保证信息的准确性。

计算指标间的差异系数 D，指标的具体信息效用由标准差异系数决定，D 的数值越大，则其信息效用越大，其所占权重也越大。差异系数的具体计算方法为：$D_i = 1 - e_i$ $(i = 1, 2, 3, \cdots, m)$。

最后，确定项目指标的熵权值 ω，其具体计算方法为：$\omega_i^{(e)} = \dfrac{D_i}{\sum\limits_{i=1}^{m} D_i}$ $(i = 1, 2, 3, \cdots, m)$。

　　研究中，采取熵权法确定每一项指标数值以及最终权重，用差异系数来保证指标权重符合实际的真实情况，在台资企业竞争力的相关指标中，根据不同指标的重要性和影响力，确定每个指标所占据的具体权重，如表4-1所示，从而保证最终计算的结果符合客观实际。

表4-1　粤港澳大湾区台资企业综合指标权重

一级指标	权重	二级指标	权重
A 基础条件	0.143 8	A_1 资金要素	0.249 0
		A_2 基本人力要素	0.250 1
		A_3 技术创新	0.249 0
		A_4 基础设施	0.252 0
B 社会环境	0.143 1	B_1 宏观经济	0.334 3
		B_2 人口结构	0.331 1
		B_3 收入分配结构	0.334 6
C 企业运营	0.143 1	C_1 企业制度文化	0.332 4
		C_2 企业市场营销	0.334 6
		C_3 企业盈利能力	0.333 0
D 产业结构	0.142 4	D_1 关联产业	0.250 5
		D_2 结构演化程度	0.250 0
		D_3 产业成长性	0.251 8
		D_4 产业就业吸纳程度	0.247 7
E 机遇保障	0.141 1	E_1 知识产权保护	0.667 1
		E_2 全球化机遇	0.332 9
F 核心人才资源	0.143 9	F_1 台籍核心人才	0.499 7
		F_2 收入分配	0.500 3

（续上表）

一级指标	权重	二级指标	权重
G 营商环境	0.142 5	G_1 公共服务	0.250 2
		G_2 政府政策	0.250 9
		G_3 企业关系	0.498 9

4.1.4 企业综合指标的综合评价计算

在确定企业综合指标的权重后，可以对企业竞争力进行综合评价计算。综合评价的数值可用 T_j 表示，其具体计算方法为：

$$T_j = \sum_{i=1}^{m} y_{ij}\omega_i \text{ 。}$$

在数据采集方面，主要通过两种方式进行：第一，通过专家访谈法收集资料；第二，通过调查问卷的方法对研究指标进行评分。在专家选择方面，结合研究的具体情况，本书选取的专家包括三类：第一类为从事企业管理的相关工作人员，如企业经理、部门主管等；第二类为从事企业竞争力研究的专家学者；第三类为企业家。

由于在具体使用过程中，熵权法主要根据各指标的差异程度，利用信息熵来计算各指标的熵权，再通过熵权对各指标的权重进行修正，从而得出较为客观的指标权重。而根据表 4 - 1 中的计算结果可知，在企业综合指标中，不存在差异较小的相关指标，因此所有指标均可以保留。

设定计算中的 i 指标对应的熵值为 e_i ，而差异为 ∂_i ，计算熵

权 $\omega_i^{(e)}$，并得到各个企业竞争力 T 值的最终结果，如表 4 - 2、表 4 - 3、表 4 - 4 所示。

表 4 - 2　粤港澳大湾区台资企业综合排名

排名	公司名称	竞争力评价	排名	公司名称	竞争力评价
1	广州海鸥住工工业股份有限公司	0.894 0	11	正凌精密工业（广东）有限公司	0.782 2
2	东莞台升家具有限公司	0.861 5	12	广州千如电子有限公司	0.771 5
3	珠海承鸥卫浴用品有限公司	0.850 1	13	广州荣丰电子有限公司	0.771 4
4	横琴台商总部大厦有限公司	0.813 5	14	广州泰胜数控机械有限公司	0.769 1
5	广州市曾本五金工业有限公司	0.807 7	15	广州市伟成鞋业有限公司	0.767 4
6	广州泽荣旅行用品有限公司	0.802 3	16	广东科筑住宅集成科技有限公司	0.765 3
7	广州群欣包装工业有限公司	0.799 4	17	广州市凯昌电子有限公司	0.765 2
8	广州惠兰儿童用品有限公司	0.798 4	18	东莞泽荣箱包有限公司	0.762 4
9	广州丽晖塑胶有限公司	0.792 3	19	太阳神（珠海）电子有限公司	0.762 2
10	广州番禺宝得钟表有限公司	0.785 6	20	东莞恒涌电子制品有限公司	0.748 7

（续上表）

排名	公司名称	竞争力评价	排名	公司名称	竞争力评价
21	珠海神创科技有限公司	0.745 1	36	惠东大通鞋业设备机械厂	0.672 1
22	珠海市凯诺微电子有限公司	0.742 5	37	珠海班尼戈节能科技有限公司	0.658 4
23	广州市益欣塑胶工业有限公司	0.735 9	38	惠宏电线有限公司	0.649 5
24	广州美商波派皮具有限公司	0.735 2	39	东莞壮展电器制品有限公司	0.638 7
25	珠海市通晶塑胶制品有限公司	0.731 8	40	东莞市环华家居用品有限公司	0.628 7
26	东莞红旗五金制网有限公司	0.721 8	41	珠海市元田精密机电有限公司	0.454 2
27	广州优瑞塑料有限公司	0.717 8	42	珠海华兴物业管理有限公司	0.420 9
28	珠海市茂田科技有限公司	0.716 6	43	江门积依欧电子配件工业有限公司	0.408 0
29	万佳（珠海）磁性材料科技有限公司	0.713 2	44	广州全得不锈钢制品有限公司	0.390 8
30	渡边精密金属（珠海）有限公司	0.713 2	45	广州丰铨鞋业有限公司	0.389 5
31	广州番禺昌森五金制品有限公司	0.702 8	46	广州华夏电子有限公司	0.384 0
32	广州国靖办公家具有限公司	0.697 5	47	广州美梦舒宝科技有限公司	0.371 1
33	广州泽保贸易有限公司	0.680 1	48	广州碧辉餐具公司	0.368 9
34	珠海市臻的科技有限公司	0.676 2	49	广州市川承珠宝设计有限公司	0.362 4
35	中山华庆泡绵制品有限公司	0.673 4	50	广州森国鞋业有限公司	0.264 1

表4-3 粤港澳大湾区非台资企业综合排名

排名	公司名称	竞争力评价	排名	公司名称	竞争力评价
1	广东半球股份有限公司	0.851 0	6	广东省药材公司	0.431 0
2	广东珠光集团有限公司	0.807 2	7	广东省机床厂	0.406 7
3	广东驰中有限公司	0.797 3	8	广东省铁合金厂	0.385 5
4	广东玻璃厂	0.791 4	9	广东斗门塑料厂	0.379 1
5	广东强力啤酒厂	0.758 9	10	广东民华印刷厂	0.376 3

表4-4 非粤港澳大湾区台资企业综合排名

排名	公司名称	竞争力评价	排名	公司名称	竞争力评价
1	苏州有巢氏家居有限公司	0.789 4	6	武汉台银房地产开发有限公司	0.357 1
2	武汉山水农业科技有限公司	0.306 0	7	上海齐海电子商务服务股份有限公司	0.724 8
3	吉安县本贤科技有限公司	0.270 0	8	昆山冠智科技电子有限公司	0.727 0
4	上海盈欣塑胶有限公司	0.375 5	9	重庆国之四维卫浴有限公司	0.747 9
5	群欣软管（昆山）有限公司	0.396 3	10	海南钟堡木业有限公司	0.701 8

综合而言，企业综合指标得分超过 0.7 的为高综合能力企业，得分低于 0.5 的为低综合能力企业，粤港澳大湾区的台资企

业综合指标中最高分为 0.894 0，最低分为 0.264 1，大部分企业得分分布在 0.6~0.7 之间，通过总体排名可知粤港澳大湾区的台资企业综合能力总体上还有提升的空间。而且，从综合评分结果可以看出，台资企业之间的得分差异较大，两极分化较为严重。造成这种情况的原因有很多，除成立时间不长、细分市场容量小等客观因素外，缺乏早期台商的创业精神、对企业经营投入不足、未能充分激发企业活力也是重要的原因。因此，台资企业应把握影响其综合能力的相关因素，调动各方力量，采取适合自身的行动策略，努力提升其竞争力。为实现台资企业的协调发展，具有竞争力优势的企业，可以通过台商协会等平台，与相对落后的企业展开交流，对其进行扶持。

4.2 DEA 模型下的台资企业竞争力评价

4.2.1 DEA 模型构建

数据包络方法（DEA）常用于企业竞争力分析，以测度企业的技术效率，且根据规模报酬，DEA 的具体应用模型会有所不同：当规模报酬不变时，企业的技术效率测度采用 CCR（Charnes - Cooper - Rhodes）模型①；而当规模报酬可变时，则采用 BCC

---

① 由著名运筹学家查尼斯（A. Charnes）、库珀（W. W. Cooper）及罗兹（E. Rhodes）于 1978 年提出，该模型假设所有决策变量的生产技术为规模报酬不变，以三位提出者的姓氏首字母组合命名。

（Banker – Charnes – Cooper）模型①。虽然学者赵金薇（2021）、
赵树宽（2013）和冯宗宪（2011）等对规模与企业竞争力之间的
关系并未形成一致意见，有的认为两者是正相关性的，有的认为
两者是负相关性的，有的则认为两者之间的关系具有不确定性，
但是总体来说，在一般意义上，规模与企业竞争力之间具有相关
性，那么对大湾区台资企业而言，其规模与其竞争力间并不具有
规模报酬不变的特点，因此本书采用的是 DEA 的 BCC 模型来计
量。由于技术效率受到规模效率的影响，因此企业的技术就不再
是纯的技术效率，规模为效率的提高也做出了相应的贡献，因而
本书将技术效率（TE）分解为纯的技术效率（PTE）和规模效率
（SE）。本书使用 DEA 模型的 BCC 模型来测量，从而能够考虑到
规模对大湾区台资企业的重要作用，致使最后的计算更加科学合
理，更具有说服力，具体的模型如下：

$$\min \rho_i - \varepsilon \ (e_m^T s_m^- + e_m^T s_m^+)$$

$$\text{s. t.} \quad \sum_{j=1}^N \lambda_{kj} x_{kj} + s_k^- = \rho_i x_{ki}, k = 1,2,\cdots,K$$

$$\sum_{j=1}^N \lambda_{mj} y_{mj} - s_k^+ = y_{mj}, k = 1,2,\cdots,K$$

$$\sum_{j=1}^N \lambda_j = 1$$

$$\lambda_j \geq 0, s_k^+ \setminus s_m^- \geq 0$$

本书是从投入与产出的角度来衡量大湾区台资企业的技术效
率的，因而在变量的选择上就充分考虑了投入和产出这两个因

---

① BCC 模型是在 CCR 模型的基础上，由 Banker，Charnes 和 Cooper 于 1984 年提出
的可变规模收益模式下的数据包络分析技术，以三位提出者的姓氏首字母组合命名。

素，其中 $j = 1, 2, \cdots, N$ 表示可选择范围，即所有可能决策的集合；k 则表示投入的要素数量；m 表示产出的个数；e_m^T 代表着单位向量；s_k^+、s_m^- 代表松弛变量；若存在 λ、s_k^-、s_k^+ 满足 $\rho_i = 1$，且 $s_k^- = 0$，$s_k^+ = 0$，则决策单元 i 为 DEA 有效。其中 $TE = AP_C/AP$，$PTE = AP_V/AP$，$SE = AP_C/AP_V$，式中：AP_C 表示 CCR 模型生产前沿线与产出之间的距离；AP_V 表示 BCC 模型生产前沿线与产出之间的距离；AP 表示投入与产出之间的距离。

4.2.2 指标及样本的选取

DEA 方法的原理就是在一定的投入下做到产出的最大化，因而在计算企业的技术效率时，就要准确地定位其投入与产出。正常企业总以追求利润最大化为目标，因此本书以企业利润作为衡量其产出的指标。作为一个经营主体，企业要正常经营，一定的固定资产以及劳动力的投入是必不可少的。因此，本书选取固定资产、基本人力要素这两项作为企业经营的投入要素。固定资产在财务报表中都有着明确的衡量标准，而对于劳动力成本的衡量，各企业有各自的特点，为了统一标准，在此选择用企业财务报表中的营业费用代替劳动力成本。

样本的选取是为了可以观察大湾区台资企业与大湾区非台资企业以及非大湾区台资企业之间存在的差别。本书共选取了 50 家大湾区台资企业、10 家大湾区非台资企业以及 10 家非大湾区台资企业，共 70 家企业为研究样本。

4.2.3 用 DEA 方法对企业进行技术效率测量

对 70 家企业进行效率测算与分解时，本书运用 DEA 模型进行效率测量，有三个目标：一是得到 70 家企业的纯技术效率与规模效率值，它们作为后续大湾区台资企业竞争力评价体系的组成部分，能增强竞争力评估体系的全面性、客观性与科学性；二是通过对 70 家企业技术效率的趋势判断与分解，在效率层面初步对 70 家企业的竞争力做出解释，这可作为后续大湾区台资企业竞争力评价体系的补充；三是对大湾区台资企业、大湾区非台资企业以及非大湾区台资企业的技术效率状况进行整体评估。根据学者蔺元和刘志新（2010）对企业竞争力的研究，他们用 DEA 方法进行企业核算，用企业技术效率数据概括企业竞争力数据。同样，本书也可以将企业的技术效率指标总结为企业的竞争力指标。

首先通过 DEAP 2.1 软件对 70 家企业的 DEA 技术效率进行测度，其结果如表 4-5 所示。

表 4-5 企业 DEA 技术效率指标及排名

排名	技术效率	公司名称	公司性质
1	0.990	广州海鸥住工工业股份有限公司	大湾区台资
2	0.989	东莞台升家具有限公司	大湾区台资
3	0.969	广东半球股份有限公司	大湾区非台资
4	0.959	珠海承鸥卫浴用品有限公司	大湾区台资

（续上表）

排名	技术效率	公司名称	公司性质
5	0.956	横琴台商总部大厦有限公司	大湾区台资
6	0.954	广州市曾本五金工业有限公司	大湾区台资
7	0.951	广东珠光集团有限公司	大湾区非台资
8	0.948	广州泽荣旅行用品有限公司	大湾区台资
9	0.945	广州群欣包装工业有限公司	大湾区台资
9	0.945	广州惠兰儿童用品有限公司	大湾区台资
11	0.942	广州丽晖塑胶有限公司	大湾区台资
12	0.940	广东驰中有限公司	大湾区非台资
13	0.935	广东玻璃厂	大湾区非台资
14	0.931	苏州有巢氏家居有限公司	非大湾区台资
15	0.929	广州番禺宝得钟表有限公司	大湾区台资
16	0.927	正凌精密工业（广东）有限公司	大湾区台资
17	0.923	广州千如电子有限公司	大湾区台资
18	0.921	广州荣丰电子有限公司	大湾区台资
19	0.916	广州泰胜数控机械有限公司	大湾区台资
20	0.912	广州市伟成鞋业有限公司	大湾区台资
20	0.912	广东科筑住宅集成科技有限公司	大湾区台资
22	0.910	广州市凯昌电子有限公司	大湾区台资
22	0.910	东莞泽荣箱包有限公司	大湾区台资
22	0.910	太阳神（珠海）电子有限公司	大湾区台资
25	0.901	广东强力啤酒厂	大湾区非台资
26	0.895	东莞恒涌电子制品有限公司	大湾区台资
27	0.893	重庆国之四维卫浴有限公司	非大湾区台资
28	0.890	珠海神创科技有限公司	大湾区台资

（续上表）

排名	技术效率	公司名称	公司性质
28	0.890	珠海市凯诺微电子有限公司	大湾区台资
30	0.889	广州市益欣塑胶工业有限公司	大湾区台资
30	0.889	广州美商波派皮具有限公司	大湾区台资
32	0.880	珠海市通晶塑胶制品有限公司	大湾区台资
33	0.879	昆山冠智科技电子有限公司	非大湾区台资
34	0.859	上海齐海电子商务服务股份有限公司	非大湾区台资
35	0.877	东莞红旗五金制网有限公司	大湾区台资
36	0.858	广州优瑞塑料有限公司	大湾区台资
37	0.854	珠海市茂田科技有限公司	大湾区台资
38	0.846	万佳（珠海）磁性材料科技有限公司	大湾区台资
39	0.840	渡边精密金属（珠海）有限公司	大湾区台资
40	0.839	广州番禺昌森五金制品有限公司	大湾区台资
41	0.833	海南钟堡木业有限公司	非大湾区台资
42	0.831	广州国靖办公家具有限公司	大湾区台资
43	0.823	广州泽保贸易有限公司	大湾区台资
44	0.822	珠海市臻的科技有限公司	大湾区台资
45	0.821	中山华庆泡绵制品有限公司	大湾区台资
46	0.818	惠东大通鞋业设备机械厂	大湾区台资
47	0.814	珠海班尼戈节能科技有限公司	大湾区台资
48	0.811	惠宏电线有限公司	大湾区台资
49	0.808	东莞壮展电器制品有限公司	大湾区台资
50	0.805	东莞市环华家居用品有限公司	大湾区台资
50	0.805	珠海市元田精密机电有限公司	大湾区台资
52	0.802	广东省药材公司	大湾区非台资

（续上表）

排名	技术效率	公司名称	公司性质
53	0.801	珠海华兴物业管理有限公司	大湾区台资
53	0.801	江门积依欧电子配件工业有限公司	大湾区台资
55	0.800	广东省机床厂	大湾区非台资
56	0.799	群欣软管（昆山）有限公司	非大湾区台资
57	0.798	广州全得不锈钢制品有限公司	大湾区台资
58	0.784	广州丰铨鞋业有限公司	大湾区台资
59	0.772	广东省铁合金厂	大湾区非台资
60	0.765	广州华夏电子有限公司	大湾区台资
61	0.750	广东斗门塑料厂	大湾区非台资
62	0.739	广东民华印刷厂	大湾区非台资
63	0.738	上海盈欣塑胶有限公司	非大湾区台资
64	0.732	广州美梦舒宝科技有限公司	大湾区台资
65	0.728	广州碧辉餐具公司	大湾区台资
66	0.726	广州市川承珠宝设计有限公司	大湾区台资
67	0.725	武汉台银房地产开发有限公司	非大湾区台资
68	0.711	武汉山水农业科技有限公司	非大湾区台资
69	0.710	吉安县本贤科技有限公司	非大湾区台资
69	0.710	广州森国鞋业有限公司	大湾区台资

根据表 4－5，从这 70 家企业的 DEA 技术效率测度结果来看，排名前四位的为广州海鸥住工工业股份有限公司、东莞台升家具有限公司、广东半球股份有限公司以及珠海承鸥卫浴用品有限公司。这四家企业均位于粤港澳大湾区，其中除排名第三的广东半球股份有限公司为非台资企业外，其余三家企业均为台资企

业。结合在模糊物元分析法中综合竞争力的排名来看，广州海鸥住工工业股份有限公司在所有企业中排名第一，广东半球股份有限公司在大湾区非台资企业中排名第一，这说明剔除了规模因素的影响以后，技术效率指标排名与综合竞争力排名是高度一致的。

接下来将技术效率分解为纯技术效率与规模效率，进一步解释 DEA 测度结果，分解结果如表 4-6 所示。

表 4-6　企业 DEA 纯技术效率及排名

排名	纯技术效率	公司名称	公司性质
16	0.987	广州海鸥住工工业股份有限公司	大湾区台资
1	1.000	东莞台升家具有限公司	大湾区台资
8	0.999	广东半球股份有限公司	大湾区非台资
32	0.943	珠海承鸥卫浴用品有限公司	大湾区台资
24	0.976	横琴台商总部大厦有限公司	大湾区台资
19	0.985	广州市曾本五金工业有限公司	大湾区台资
1	1.000	广东珠光集团有限公司	大湾区非台资
56	0.862	广州泽荣旅行用品有限公司	大湾区台资
20	0.982	广州群欣包装工业有限公司	大湾区台资
22	0.977	广州惠兰儿童用品有限公司	大湾区台资
18	0.986	广州丽晖塑胶有限公司	大湾区台资
33	0.941	广东驰中有限公司	大湾区非台资
16	0.987	广东玻璃厂	大湾区非台资
29	0.964	苏州有巢氏家居有限公司	大湾区非台资
22	0.977	广州番禺宝得钟表有限公司	大湾区台资

（续上表）

排名	纯技术效率	公司名称	公司性质
13	0.989	正凌精密工业（广东）有限公司	大湾区台资
1	1.000	广州千如电子有限公司	大湾区台资
30	0.960	广州荣丰电子有限公司	大湾区台资
41	0.924	广州泰胜数控机械有限公司	大湾区台资
39	0.929	广州市伟成鞋业有限公司	大湾区台资
57	0.856	广东科筑住宅集成科技有限公司	大湾区台资
11	0.994	广州市凯昌电子有限公司	大湾区台资
34	0.934	东莞泽荣箱包有限公司	大湾区台资
36	0.932	太阳神（珠海）电子有限公司	大湾区台资
27	0.968	广东强力啤酒厂	大湾区非台资
45	0.898	东莞恒涌电子制品有限公司	大湾区台资
15	0.988	重庆国之四维卫浴有限公司	非大湾区台资
54	0.878	珠海神创科技有限公司	大湾区台资
47	0.894	珠海市凯诺微电子有限公司	大湾区台资
28	0.965	广州市益欣塑胶工业有限公司	大湾区台资
43	0.902	广州美商波派皮具有限公司	大湾区台资
51	0.885	珠海市通晶塑胶制品有限公司	大湾区台资
59	0.838	昆山冠智科技电子有限公司	大湾区非台资
1	1.000	上海齐海电子商务服务股份有限公司	大湾区非台资
34	0.934	东莞红旗五金制网有限公司	大湾区台资
61	0.834	广州优瑞塑料有限公司	大湾区台资
38	0.930	珠海市茂田科技有限公司	大湾区台资
1	1.000	万佳（珠海）磁性材料科技有限公司	大湾区台资
24	0.976	渡边精密金属（珠海）有限公司	大湾区台资
24	0.976	广州番禺昌森五金制品有限公司	大湾区台资

（续上表）

排名	纯技术效率	公司名称	公司性质
48	0.893	海南钟堡木业有限公司	非大湾区台资
21	0.978	广州国靖办公家具有限公司	大湾区台资
31	0.945	广州泽保贸易有限公司	大湾区台资
62	0.832	珠海市臻的科技有限公司	大湾区台资
48	0.893	中山华庆泡绵制品有限公司	大湾区台资
48	0.893	惠东大通鞋业设备机械厂	大湾区台资
1	1.000	珠海班尼戈节能科技有限公司	大湾区台资
13	0.989	惠宏电线有限公司	大湾区台资
12	0.993	东莞壮展电器制品有限公司	大湾区台资
1	1.000	东莞市环华家居用品有限公司	大湾区台资
58	0.843	珠海市元田精密机电有限公司	大湾区台资
65	0.787	广东省药材公司	大湾区非台资
42	0.904	珠海华兴物业管理有限公司	大湾区台资
39	0.929	江门积依欧电子配件工业有限公司	大湾区台资
46	0.897	广东省机床厂	大湾区非台资
60	0.836	群欣软管（昆山）有限公司	非大湾区台资
9	0.997	广州全得不锈钢制品有限公司	大湾区台资
64	0.797	广州丰铨鞋业有限公司	大湾区台资
69	0.733	广东省铁合金厂	大湾区非台资
10	0.996	广州华夏电子有限公司	大湾区台资
52	0.881	广东斗门塑料厂	大湾区非台资
55	0.866	广东民华印刷厂	大湾区非台资
44	0.901	上海盈欣塑胶有限公司	非大湾区台资
68	0.739	广州美梦舒宝科技有限公司	大湾区台资
53	0.880	广州碧辉餐具公司	大湾区台资

（续上表）

排名	纯技术效率	公司名称	公司性质
36	0.932	广州市川承珠宝设计有限公司	大湾区台资
63	0.799	武汉台银房地产开发有限公司	非大湾区台资
66	0.786	武汉山水农业科技有限公司	非大湾区台资
70	0.712	吉安县本贤科技有限公司	非大湾区台资
67	0.776	广州森国鞋业有限公司	大湾区台资

一般来说，纯技术效率代表企业内部的经营管理水平，与企业的技术创新和管理效率息息相关。在应用模糊物元分析法时，本书运用科研开发经费占销售额比重、职工中研发人员比重、新产品投产率、新产品产值率、技术进步项目收益率以及专利数量这 6 个指标来综合衡量技术创新，但是它与 DEA 测度的纯技术效率是不同的。

DEA 分析测算出的纯技术效率基于投入、产出角度，假设规模报酬可变，将最有效率单位定义为随机前沿面之上，然后将不在随机前沿面的单位与之比较，得出企业的经营效率值，这更为科学有效。

表 4-6 结果显示，东莞台升家具有限公司、广州千如电子有限公司、万佳（珠海）磁性材料科技有限公司、珠海班尼戈节能科技有限公司、东莞市环华家居用品有限公司、广东珠光集团有限公司以及上海齐海电子商务服务股份有限公司这 7 家公司的纯技术效率值达到了 1，均为纯技术效率有效。在上述 7 家公司中，前 5 家公司均为大湾区台资企业，广东珠光集团有限公司为

大湾区非台资企业，而上海齐海电子商务服务股份有限公司为非大湾区台资企业。从所占比例来看，大湾区台资企业、非大湾区台资企业以及大湾区非台资企业中都分别有10%的企业达到了纯技术效率有效，这说明企业性质对企业的技术创新效率影响不大。而企业的规模效率结果如表4-7所示。

表4-7 企业DEA规模效率及排名

排名	规模效率	公司名称	公司性质
1	1.000	广州海鸥住工工业股份有限公司	大湾区台资
1	1.000	东莞台升家具有限公司	大湾区台资
1	1.000	广东半球股份有限公司	大湾区非台资
28	0.981	珠海承鸥卫浴用品有限公司	大湾区台资
21	0.989	横琴台商总部大厦有限公司	大湾区台资
32	0.976	广州市曾本五金工业有限公司	大湾区台资
21	0.989	广东珠光集团有限公司	大湾区非台资
32	0.976	广州泽荣旅行用品有限公司	大湾区台资
36	0.973	广州群欣包装工业有限公司	大湾区台资
15	0.994	广州惠兰儿童用品有限公司	大湾区台资
31	0.977	广州丽晖塑胶有限公司	大湾区台资
18	0.990	广东驰中有限公司	大湾区非台资
39	0.970	广东玻璃厂	大湾区非台资
32	0.976	苏州有巢氏家居有限公司	大湾区非台资
24	0.988	广州番禺宝得钟表有限公司	大湾区台资
4	0.998	正凌精密工业（广东）有限公司	大湾区台资
42	0.965	广州千如电子有限公司	大湾区台资
36	0.973	广州荣丰电子有限公司	大湾区台资
12	0.996	广州泰胜数控机械有限公司	大湾区台资

（续上表）

排名	规模效率	公司名称	公司性质
16	0.993	广州市伟成鞋业有限公司	大湾区台资
48	0.947	广东科筑住宅集成科技有限公司	大湾区台资
44	0.956	广州市凯昌电子有限公司	大湾区台资
25	0.987	东莞泽荣箱包有限公司	大湾区台资
26	0.986	太阳神（珠海）电子有限公司	大湾区台资
27	0.984	广东强力啤酒厂	大湾区非台资
8	0.997	东莞恒涌电子制品有限公司	大湾区台资
18	0.990	重庆国之四维卫浴有限公司	大湾区非台资
47	0.948	珠海神创科技有限公司	大湾区台资
8	0.997	珠海市凯诺微电子有限公司	大湾区台资
40	0.969	广州市益欣塑胶工业有限公司	大湾区台资
8	0.997	广州美商波派皮具有限公司	大湾区台资
12	0.996	珠海市通晶塑胶制品有限公司	大湾区台资
8	0.997	昆山冠智科技电子有限公司	大湾区非台资
65	0.851	上海齐海电子商务服务股份有限公司	大湾区非台资
29	0.979	东莞红旗五金制网有限公司	大湾区台资
42	0.965	广州优瑞塑料有限公司	大湾区台资
29	0.979	珠海市茂田科技有限公司	大湾区台资
61	0.864	万佳（珠海）磁性材料科技有限公司	大湾区台资
67	0.846	渡边精密金属（珠海）有限公司	大湾区台资
17	0.992	广州番禺昌森五金制品有限公司	大湾区台资
4	0.998	海南钟堡木业有限公司	非大湾区台资
66	0.848	广州国靖办公家具有限公司	大湾区台资
32	0.976	广州泽保贸易有限公司	大湾区台资
44	0.956	珠海市臻的科技有限公司	大湾区台资
40	0.969	中山华庆泡绵制品有限公司	大湾区台资

（续上表）

排名	规模效率	公司名称	公司性质
18	0.990	惠东大通鞋业设备机械厂	大湾区台资
58	0.875	珠海班尼戈节能科技有限公司	大湾区台资
59	0.874	惠宏电线有限公司	大湾区台资
46	0.949	东莞壮展电器制品有限公司	大湾区台资
62	0.856	东莞市环华家居用品有限公司	大湾区台资
50	0.932	珠海市元田精密机电有限公司	大湾区台资
51	0.930	广东省药材公司	大湾区非台资
36	0.973	珠海华兴物业管理有限公司	大湾区台资
52	0.929	江门积依欧电子配件工业有限公司	大湾区台资
49	0.945	广东省机床厂	大湾区非台资
53	0.898	群欣软管（昆山）有限公司	非大湾区台资
55	0.889	广州全得不锈钢制品有限公司	大湾区台资
60	0.866	广州丰铨鞋业有限公司	大湾区台资
4	0.998	广东省铁合金厂	大湾区非台资
62	0.856	广州华夏电子有限公司	大湾区台资
54	0.892	广东斗门塑料厂	大湾区非台资
57	0.876	广东民华印刷厂	大湾区非台资
56	0.886	上海盈欣塑胶有限公司	非大湾区台资
69	0.813	广州美梦舒宝科技有限公司	大湾区台资
67	0.846	广州碧辉餐具公司	大湾区台资
4	0.998	广州市川承珠宝设计有限公司	大湾区台资
64	0.854	武汉台银房地产开发有限公司	非大湾区台资
70	0.806	武汉山水农业科技有限公司	非大湾区台资
14	0.995	吉安县本贤科技有限公司	非大湾区台资
21	0.989	广州森国鞋业有限公司	大湾区台资

从表 4 - 7 可以看出,东莞台升家具有限公司、广东半球股份有限公司以及广州海鸥住工工业股份有限公司这 3 家公司的规模效率达到了 1,为前沿企业。在这 3 家企业中,除广东半球股份有限公司为大湾区非台资企业之外,东莞台升家具有限公司和广州海鸥住工工业股份有限公司均为大湾区台资企业。因此,从整体而言,大湾区企业规模效率较高。

对三类企业的技术效率、纯技术效率和规模效率的均值进行汇总,汇总结果如表 4 - 8 所示。

表 4 - 8　三类企业的 DEA 分解汇总

企业性质	技术效率（TE）	纯技术效率（PTE）	规模效率（SE）
大湾区台资	0.865	0.932	0.951
大湾区非台资	0.856	0.906	0.957
非大湾区台资	0.808	0.872	0.925

从三类企业的效率值计算中可以发现,在三类企业中,大湾区台资企业的平均技术效率值最高,为 0.865;非大湾区台资企业的平均技术效率值最低,为 0.808;大湾区非台资企业的平均技术效率值介于两者之间,为 0.856。企业的纯技术效率表现与之相同的趋势。大湾区台资企业的平均纯技术效率值最高,为 0.932;非大湾区台资企业的平均纯技术效率值最低,为 0.872;大湾区非台资企业的平均纯技术效率值介于两者之间,为 0.906。在规模效率方面,相对而言,大湾区台资企业略低于大湾区非台资企业,且二者均高于非大湾区台资企业。

4.3　评价分析

企业竞争力的评价是一个综合的概念，目前为止，许多学者从不同的角度对企业竞争力测度进行研究，关于企业竞争力的评测，目前还没有形成一个统一的定论。同时考虑到研究样本企业涉及的类型、行业与规模有所不同，并未考虑或单独考虑财务指标、市场占有率及客户满意度问题，要将其进行归纳总结并融入企业生产效率中进行测度。

学者赵树宽（2013）在对企业经营效率进行评价研究时，对高新技术企业效率采用 DEA 方法，最后通过技术效率输出的指标来判断企业的竞争力指标。相对于其他综合性的指标方法，以企业的投入和产出比率来进行综合分析，可以较好地避免主观判断的干扰。这种方式相比于复杂的判断方法更加具有相对客观性。本书在其他学者的研究基础上，通过比较不同的竞争力效率测度方式，结合调查样本的特点，构建了 DEA 模型，来测算企业的竞争力。为此，本书采取 DEA 技术效率的指标来表示台资企业竞争力测度的数据。

根据以上竞争力的评价结果，并结合调研的情况，现做出如下分析：

第一，关于大湾区内台资企业与非台资企业的对比。由于本书的主题是围绕台资企业竞争力展开的，因此在总指标提炼、设计时会偏重台资企业，存在台资企业的高位得分会优于非台资企业。但是，台资企业的竞争力得分两极化比较严重，而非台资企业的得分则相对比较集中。将两组数据进行比较，还可以看出，规模比较大的企业如股份制企业、国有企业的竞争力要高于小规模企业，这说明规模效应在企业竞争力的发挥上作用突出。

第二，关于大湾区与非大湾区的台资企业的对比。通过对比可以看出，大湾区台资企业竞争力整体上高于非大湾区台资企业，特别是来自中西部地区的样本企业竞争力明显偏低。可见，区域环境因素使得企业竞争力的发挥存在差异。

第三，关于企业竞争的横向对比。通过调查数据分析可知，企业的综合排名与竞争力排名相差不大，具有高度的相关性。但是，企业的竞争力排名与企业的纯技术效率排名和规模效率排名相差较大。整体来说，企业所处区域的政策和竞争力对企业综合发展影响较大。

接下来，本书将就企业的实际情况提出 5 项假设，并通过实证分析的方法，进一步检验、分析上述竞争力存在差异的问题。

5 粤港澳大湾区台资企业
竞争力的实证分析

5.1 假设的提出

5.1.1 研究假说的理论依据

C. K. Prahalad 和 G. Hamel（2000）于 1994 年开始了对核心竞争力理论的研究，但他们没有具体指出企业资源中哪些是核心资源，即企业竞争力由哪些要素构成。他们关于竞争力的定义只聚焦于企业价值链中的制造方面，而忽略了企业竞争力存在于企业价值系统中的其他阶段的多种可能性，以至于在当前的经济环境中，难以指导企业去识别和利用竞争力。尽管如此，他们的研究还是引起了国外学者和商界对竞争力问题的关注和重视，一大批关于企业竞争力的研究成果层出不穷，也奠定了企业竞争力理论的发展框架。本书在该理论基础上进行拓展研究，其中关于台资企业竞争力问题有如下观点：

1. 营商环境

台资企业竞争力受到企业营商环境因素影响，该观点基础主要来自企业竞争力理论的整合理论。该理论主要从企业技术、技能知识、资源整合或组合的角度来研究企业竞争力。Durand（1997）认为企业的能力不仅包括组织所拥有的资源、知识、技术和技能，还包括受周围环境影响的资产与技能的协调配置能力。张莉（2008）认为企业核心竞争力不是各种技能和知识的堆砌、组合和集合，而是企业周围各方面协调后的一种整合，是合力无形资产，并且不断发展，在不同的竞争环境下有不同的理解，除了其知识性、价值性、难以模仿性、独特性外，更强调对消费者带来超值效用的独特能力。齐素芳（2013）认为企业竞争力是指组织在特定的生存和发展环境中整合内部资源与外部资源，使自身具有可持续竞争优势的一种能力。它通过组织的内生变量产生，通过外生变量实现，在内生变量和外生变量相互作用下不断更新和发展。通过上述理论可以推断，营商环境对于企业竞争力研究有重要的影响。

营商环境是指企业在经营过程中涉及的市场总体环境、经营环境、区域人文环境及法治环境等相关环境的综合。良好的营商环境对企业吸纳资金、开拓市场均能起到促进作用。依据不同的优先级处理，可将营商环境分为不同的模式。目前国际营商环境模式主要包括四种：

第一，新加坡的法治优先模式。新加坡自建国以来就一直非常重视法治建设，目前已拥有完善的法律体系，能够对企业发展提供相应的保障作用。企业的纠纷可以通过司法体系得到效率化的解决，企业能够有效避免因陷入纠纷而引发的效率损失。同时，在知识产权保护、劳动权益保护等问题上，新加坡完善的法律体系也能发挥一定的作用。而且，新加坡的《反不正当竞争法》也为企业间的公平竞争提供了相应的保障。法治优先模式的优势在于通过完善的法律制度为企业提供充足的保障，但其弊端在于对效率的浪费。

第二，中国香港的国际优先模式。香港的国际优先模式主要依托于其高度的开放环境。香港优越的国际化环境及发达的公共基础服务设施极大地促进了政治文化交流、经济贸易往来。同时，香港便捷的交通体系与金融服务体系也为深度国际化提供了支持。在这一背景下，香港能为企业提供完善、发达的国际开放环境，在为企业融资提供便利的同时，也能为企业提供开放的市场机会。但国际优先模式在为企业带来便捷国际机会的同时，也带有相应的风险。因此这是一种机遇与风险并存的营商环境。

第三，深圳的效率优先模式。深圳将城市竞争力定位于效率，着力为企业打造高效、便捷的企业营商环境。在发展、建设的过程中，深圳不断改善审批流程，完善业务能力，在其集中办理的操作模式下，部门边界被打破，各个单位间的横向联系得到了加强。同时，在互联网的不断发展下，深圳进一步开发了"互联网＋政务"的新型服务模式，进一步提升了效率。深圳的优势在于其高效率行政帮助企业节约行政审批成本，从而促进提升企业的生产效率。

第四，天津的便利优先模式。天津滨海新区自建立以来，致力于构建便利的营商环境，在金融服务、高端产业与法治运行及监管透明等方面进行了相应的改革。在增强辐射与带动效应的基础上，天津成立了行政审批机构与综合执法机构，取消了相应的审批事项，简化了政府职能。同时，天津市也进一步扩大了相应的准入机制，为民营资本与先进制造业的进入提供了相应的支持。而在外商投资领域，天津市则构建了国民待遇准入与负面清单管理机制，为外资企业提供了便利的营商环境。而在资本流通与转化领域，天津也进行了相应的变革，人民币资本可兑换项目、市场化利率及资金跨境使用与外汇管理均得到了一定程度的优化。天津的便利优先模式不仅包括行政方面的便利，还包括非行政业务的便利。这种模式有利于广泛吸纳企业，能为企业发展提供相应的支持，但对管理水平的要求较高。

可见，营商环境对企业发展以及企业竞争力的构建存在一定影响。目前，粤港澳大湾区是中国最有活力的区域之一，国家给予了诸多支持。对台资企业而言，位于大湾区既是一种机遇，也是一种挑战；对大湾区而言，如何通过整体性政策促进台资企业的发展与融入，亦是一个需要考量的议题。基于此，本书拟分析营商环境与企业竞争力间的关系。

2. 企业家精神

企业竞争力受到企业家精神因素影响，该观点是受企业竞争力理论中企业文化观点的影响。该理论认为每个企业都受到企业家精神的影响，必然形成企业独特的文化传统和价值观，对企业的管理和经营效率有深层次的影响，并认为企业家精神是企业可持续发展的源泉和动力。持该观点的主要代表有：Raffa 和 Zollo（1994）认为企业核心竞争力不仅存在于企业的业务操作子系统，还存在于企业文化中，根植于复杂的人与人以及人与环境的关系中，竞争力的积累蕴藏在企业独特的企业家精神中。这一观点强调在接受企业竞争力技术性特征的同时，不应忽视企业家精神及人在核心竞争力形成中的作用。该观点将企业家精神提出来作为企业核心竞争力的构成要素。王瑶（2012）认为企业核心竞争力包括核心技术能力、企业管理能力、企业文化三大要素，企业应通过培育核心竞争力理念、核心技术能力、企业家精神来实现企业核心竞争力的构建。

　　企业家精神是能够促使经济资源转化为经济效益的一种综合能力。企业家精神是归纳产生的概念，学术界对世界知名的企业家做了相应的研究，研究结果显示：世界知名的企业家群体具有共性特征，这种特性能够将不同经济资源转化为经济优势，如稻盛和夫、比尔·盖茨等，均具备这种特性。经过进一步的研究，一般而言，企业家精神包括五项内涵：

　　第一，匠人精神。匠人精神是企业家精神的核心内容。彼得·德鲁克（2009）认为企业家应具备从生产技术、市场变革、企业组织中抽象出经济效益的能力。成功的企业家一般对行业技术存有一种使命感，并且具备超越常人的敬业精神。这种匠人精神就是企业家精神的核心特质。

　　第二，创新精神。创新精神是企业家精神的主要内容。学者熊彼特（1912）在其相关研究中提出了"创造性破坏"理论，其认为企业家应具备一种创造性破坏的能力。企业家的创造性区别于行业天才的创造性，这种创造性不是灵光一现的天赋，而是长期积累后所产生的质变。企业家在行业工作中获得了相应的经验后，能够提炼出行业发展的规律与特征，并在此基础上，将其转化为经济效益。企业家的创新往往会引发行业的变革，从而促进行业的进一步发展。

　　第三，合作精神。合作精神是企业家的本能精神。Albert Hirschman（1973）在其相关研究中指出合作精神是企业家的一种本能反应，在其进行决策或开展行动时，一般会主动寻求与他人合作。而同时，这种精神也具备一定辐射特征，即企业家的合作精神能在一定程度上影响其员工，并使员工也具备合作精神。

第四，冒险精神。冒险精神是企业家的重要精神。学者坎蒂隆（1997）在其相关研究中提出了冒险精神是企业家重要精神的概念。在面对未知风险与不确定性时，企业家的冒险精神往往会支持其冒险挑战风险。但这种冒险并非一种盲目、鲁莽的行为，而是建立在精确分析基础上的一种行为。事实上，成功的企业家往往都有一定的冒险经历。

第五，诚信精神。这是最基本的企业家精神。诚信精神是市场经济下，市场对其参与主体的首要要求，也是市场高效、有效运转的重要前提。企业家的诚信精神不仅包括企业家与其合作伙伴间的诚信，还包括企业家对其聘用员工的诚信。

企业家精神是影响企业竞争力的重要因素。良好的企业家精神有助于促进企业提升其经济转化能力，从而促进企业提升其竞争力。台资企业能较早来到祖国大陆，并稳步发展，诞生了多家具有世界影响力的企业，这和台资企业创业者所具备的企业家精神息息相关。目前，不少台资企业已经进入平稳发展期，且管理结构也发生了一定的变化，尤其是"创一代"已经基本退居幕后，"创二代"或"富二代"执管企业，经营者是否还需要具备企业家精神，是一个值得细究的问题。

3. 多元化经营

企业竞争力受到企业多元化经营因素的影响，该观点受企业竞争力理论中组合理论的影响，该理论认为企业的核心竞争力包含了企业的技术特长和有效配置这些专长的组织竞争力。持该观点的主要代表有：Willian Bogner 和 Howard Thomas（1994）。他们认为从顾客的需求出发，充分为客户着想，利用企业专有的技能和知识，提供比竞争对手更好的服务来满足客户，强调企业竞争力必须借助自身资源进行产品组合调整的观点。该观点将企业具备多元化生产能力这一要素列为企业核心竞争力的组成部分。王秉安（2003）认为企业的产品、技术与核心能力构成了企业的核心竞争力，这样的核心竞争力是以围绕客户多元化产品形式和核心技术或核心技能为主要特征的核心能力与经营管理能力的综合。

多元化经营是指企业在具体经营的过程中，不应局限于一个产业与一种商品，而应实现跨行业、跨产品的经营。企业在不断扩张中建立竞争优势，可促进自身的发展。企业一般通过在多变的市场环境之中增加多元化经营来适当提升企业竞争力，同时多元化经营也是企业进行风险分担的重要方式。

企业的多元化经营可分为四种类型。第一种为同心多元化经营，这种经营方式指企业依托原有的生产技术与生产条件，开发新型产品，如汽车产业依托汽车技术开发无人驾驶技术。第二种为水平多元化经营，这种经营方式标定顾客需求，将新研发、生产的产品销售给新的用户群体，新产品与旧产品间具有领域关系，如生产食品的企业将食品加工机械售卖给新用户。第三种为垂直多元化经营，这种经营方式强调产业链之间的关系，如加工企业向前跨越材料供应企业与器械生产企业，向后跨越销售企业等。第四种为整体多元化经营，这种经营方式要求企业跨越不同的领域进行经营，企业在原有经营的基础上，进入其他领域进行经营。这种跨领域经营的方式对企业实力的要求较高。

多元化经营是企业实力与管理能力的体现，与企业竞争力之间存在深切的关系。本书将对多元化经营与企业竞争力之间的关系做一定的实证分析。对台资企业而言，虽然主要集中于制造业与服务业，但是不少企业早就开始了多元化经营，本书需要对其竞争力进行系统测量。

4. 竞争力门槛效应

企业竞争力并非一成不变，很多时候受到企业多种因素影响，形成一个突变临界点，该观点是受企业竞争力理论中资源理论的影响。该理论主要从企业以独特的方式运用和配置资源以及各种资源的综合来研究企业竞争力变动的临界值点，主要代表有：资源学派最著名的代表人物之一——Jay Barney。他在1991年提出了拥有有价值、异质、不可模仿、不可替代的资源的企业才能产生持续竞争优势。企业的资源主要包括资本资源、人力资源和组织资本资源三方面，但是，这些资源具有的有价值、稀缺、不完全模仿和不完全替代的特点使企业竞争力突然发生变化，进而影响企业整体的进程。这样的特点必然会使企业产生明显的门槛效应。本书所提出的"门槛效应"也称"门限效应"或"阈值效应"，简而言之，就是当超越阈值时，会打破原有均衡而引起改变。门槛效应能通过不同的区间来刻画变量间的非线性关系，倘若门槛变量大于某一门槛值时，在这一临界点变量间的关系会发生改变。在企业管理研究中，这通常是指如果工作被完成后，工作者或企业获得成就感与满足感，从而倾向于接受难度较高的工作。本书将应用该原理来探究在大湾区的营商环境作用下，台资企业核心特质对其竞争力是否存在门槛效应。

5. 台资企业的核心特质

台资企业的核心特质来源于企业竞争力知识理论的研究。该理论主要从知识能否为外部模仿的角度来定义核心竞争力，认为企业核心竞争力是指企业具有独特的、不易外泄的专有知识和信息。持该理论的主要代表有 Dorothy Leonard Barton（1992）。他认为企业核心竞争力是企业特有的、不易被交易和模仿的、能够为企业获得竞争优势的知识和信息，这种知识和信息作为一种知识体系为企业提供竞争优势。该观点强调了企业获得知识和信息的重要性，认为竞争力的基础是知识，组织学习是提高核心竞争力的重要途径。台资企业对外投资已深耕多年，相对于本地企业或其他外资企业有其独有的特点：第一，台资企业具备中西兼顾的现代管理制度；第二，台资企业具备福利政策与提升技能的核心人才资源因素；第三，台资企业拥有技术创新的传统；第四，台资企业重视企业与社会关系。这些特点使得台资企业与其他投资者相比，能够更好地适应大陆市场。粤港澳大湾区台资企业的这些特质对于企业竞争力是否有重要的促进作用，需要进一步进行探讨。本书将从一手的企业调研数据入手进行实证研究，分析台资企业的核心特质与企业竞争力之间的关系。

5.1.2　研究假设

本书设定的区域背景是粤港澳大湾区台资企业的竞争力问题，区域环境便成了一个需要着重考量的因素。借助前文所提出的理论研究基础和实践调查研究，再结合学者刘丹丹（2019）关于地区营商环境是影响经济发展的重要因素，良好的营商环境有助于促进市场健康发展的观点，本书总结营商环境影响经济发展的内在机理在于：①改善营商环境不仅有助于降低企业经营成本，而且有利于提高生产资本的配置效率、确保市场经济的公平以及市场的稳定；②良好的营商环境有助于企业进行产业升级，提升企业竞争力。拥有良好营商环境的地区，通常意味着市场经济竞争更加激烈，会迫使企业提升自身的竞争力。在大湾区，台资企业在此深耕多年，已经出现了部分企业倒闭、撤走或搬迁的现象。因此，对粤港澳大湾区的各级政府而言，如何通过整体性政策促进台资企业发展与融入，是一个需要考量的议题。基于此，提出假设1：

H_1：良好的营商环境对企业竞争力有显著的促进作用，可以通过改善营商环境促进企业竞争力的提升。

在粤港澳大湾区区域营商环境既定的情况下，各类企业开始竞争，企业竞争力与企业家有直接关系，企业家通过企业家精神可以直接对企业竞争力产生重要影响。杨明（2019）在企业家精神与企业竞争力提升研究中发现，企业家精神与企业竞争力存在一定关联。大量的研究均显示企业家精神是经济发展的重要动力，其作用机理如下：①企业家作为市场经济组成的微观主体，企业家精神对企业家在搜寻商机、保障市场稳定以及推动产业升级等方面具有重要的影响力。企业发展需要进一步开发潜在市场、扩大市场规模，也需要推动产品升级，满足消费者对高质量产品的需求。②在企业家精神的指引下，企业会不断开发潜在市场、扩大现有市场规模和生产新产品、新服务，这均会引起生产者数量的增加和新技术的应用,进而促进企业竞争力的提升。因此,企业家精神的弘扬会促进新企业、新技术和新产品的出现,促进企业发展,提升企业竞争力。可是目前,对不少深耕大湾区的台资企业来说,它们已经进入平稳发展期,引入了职业经理人制度,或是"创一代"已经基本退居幕后,"创二代"执掌企业,管理结构发生了一定的变化,经营者是否还需要具备企业家精神,这是一个值得细究的问题。基于此,提出假设2:

H_2:企业家精神和企业竞争力有显著的正向关系,企业家精神的培育有助于企业竞争力的提升。

在粤港澳大湾区产业升级的背景下,很多企业都在努力实现不断升级。企业的科技创新能力越强,企业的竞争力越强。李文茜和刘益(2017)通过上市公司数据的实证分析发现,科技创新与企业竞争力存在关联,其作用机理如下:①科技创新是企业重要竞争力来源,科技创新应用到企业产品中可以提升企业产品的生产效率,降低生产成本,进而获得更多市场利润,企业可以将这部分利润作为研发经费投入企业的科技创新;②科技创新符合粤港澳大湾区政策,通过科技创新企业可以获得政策支持,进而降低其运营成本,提高其利润,进而提升其竞争力。可是,部分早期进入大湾区的台资企业凭借其先发优势,较早地占有了市场。而不少企业把主要精力放在了营销方面,对科技创新的重视程度不足,从而可能会影响自身的竞争力。基于此,提出假设3:

H_3:对大湾区台资企业而言,科技创新越强,企业竞争力提升越显著。

营商环境与企业管理制度因素、核心人才资源、企业技术因素和企业社会关系存在整体联动关系。经过调研，本书发现大湾区中有不少台资企业具有明显的科技创新能力。事实上，在引领中国科技前沿的粤港澳大湾区，台资企业只有具备良好的科技创新能力，才能在大湾区企业之中立足并不断发展。伍湘陵和邓启明（2019）在中国大陆台资企业转型的研究中发现，台资企业的核心特质具有明显的竞争力。台资企业核心特质的各因素可以借助良好的营商环境得到综合提升，进而提升企业整体的竞争力。况且，粤港澳大湾区正着力打造良好的营商环境，对台资企业来说更是一个机会。台资企业应该抓住并扩大自身特质优势，做大做强，克服困难，保持良好的发展势头。可是仍有不少台资企业离开大湾区，他们在离开大湾区后，可能无法继续保持台资企业的特质，进而难以保持其竞争力。台资企业核心特质有时会因区位不同而影响企业竞争力。基于此，提出假设4：

H_4：大湾区台资企业的核心特质在营商环境的作用下对企业竞争力存在门槛效应。

粤港澳大湾区聚集着全球顶尖的企业，市场机遇瞬息万变。刘志康（2018）对张裕集团多元化经营战略进行研究，发现企业多元化经营可以促进企业竞争力的提升。援引此研究，台资企业可以通过多元化经营来获得市场目标，捕捉市场机遇，进而提升企业竞争力。对市场敏感的台资企业能够根据自身企业的特点来合理布局，进行多元化经营来捕捉市场信息，以避免遭遇较大的投资风险。但多元化经营意味着更多资源的投入，这种要素对企业竞争力会产生一定影响。因此，多元化经营是有利于企业提升竞争力的。基于此，提出假设5：

H_5：大湾区台资企业多元化经营与企业竞争力有显著的正向关系，即进行了多元化经营的台资企业更具有竞争力。

目前已经有不少学者对企业竞争力进行了深入研究，取得了不少成果。然而，基于大湾区台资企业的实际情况与发展要素而进行的企业竞争力研究尚有空间，这正是本书努力研究之处。为此，基于大量翔实的调研素材，运用程序化扎根理论，通过开放编码、主轴编码、选择编码，本书分别形成了 81 个三级指标、21 个二级指标，7 个一级指标，从而构建了大湾区台资企业竞争力指标体系，并深入剖析了影响台资企业竞争力的各个重要因素。在完成信度、效度、相关性检验后，本书采用模糊物元分析法对样本企业进行评价，在获得相应数据后，就营商环境、企业家精神、科技创新、台资企业核心特质、多元化经营等方面提出相关假设，采取实证方法进行分析。

5.2　研究设计

5.2.1　样本与数据来源

考虑到本书的目的，以及以上假设需进行检验，本书计划从大湾区与台资企业两个维度选取样本，如表 5 - 1 所示。

表 5 - 1　调查样本范围表

样本	大湾区维度	台资企业维度	范围	说明
样本 A	是	是	大湾区内的台资企业	选取大湾区的台资企业为样本，如表 3 - 7 所示
样本 B	是	否	大湾区内的非台资企业	选取大湾区的非台资企业为样本，如表 3 - 8 所示
样本 C	否	是	非大湾区的台资企业	选取非大湾区的台资企业为样本，如表 3 - 9 所示

为克服极端值的影响，本书对模型中所有样本数据进行无量纲化技术手段处理。主要的衡量指标如下：

（1）选取企业竞争力（Comp）作为被解释变量。企业竞争力测算指标到目前为止没有统一定论，本书根据前文介绍，其主要取值采用 DEA 模型分解得出的技术效率指标，对非大湾区台资企业与大湾区非台资企业的取值亦可用前文所述的方法进行处理。

（2）将营商环境（Env）、企业家精神（Ent）、多元化经营（Mul）、台资企业核心特质（Char）、科技创新（Inno）设为解释变量。这几项变量的取值可以以调查问卷为基础，经过科学数据计算获得。

（3）控制变量则选择员工人数（Labor）、领导权结构（Mgt）、企业规模（Size）、资产扩张（Exp）、政策支持（Top）、海外投资规模（Share）、企业人力资本（Msh）、台籍核心技能人才（Twm），具体衡量标准如表 5 - 2 所示。

表 5 - 2 模型变量表

变量类型	变量名称	变量符号	变量取值方法及说明
被解释变量	企业竞争力	$Comp$	样本 A 已在前文得出，样本 B 与样本 C 企业数据则依据前文 DEA 方法计算得出
解释变量	营商环境	Env	由企业营商环境 G 测算
	企业家精神	Ent	由企业制度文化（C_1）与企业市场营销（C_2）测算
	台资企业核心特质	$Char$	由企业制度文化（C_1）、核心人才资源（F）、技术创新（A_3）、企业关系（G_3）测算
	多元化经营	Mul	由产业结构（D）测算
	科技创新	$Inno$	技术创新（A_3）
控制变量	员工人数	$Labor$	职工总数（A_2X_7）
	企业规模	$Size$	资产总数（A_4X_4）
	领导权结构	Mgt	管理层与员工收入分配结构（B_3）
	资产扩张	Exp	每年新设备投入（A_4X_2）
	政策支持	Top	政府政策（G_2）
	海外投资规模	$Share$	国际融资规模（E_2X_2）
	企业人力资本	Msh	企业基本人力要素（A_2，除去 X_7）
	台籍核心技能人才	Twm	企业台籍核心人才（F_1）

5.2.2 基本模型设定

根据研究假设与变量设置，构建基本模型如下：

$$Comp_{i,t} = a_0 + a_1 Env_{i,t} + a_2 Ent_{i,t} + a_3 Char_{i,t} + a_4 Mul_{i,t} + a_5 Inno_{i,t} +$$
$$a_6 Size_{i,t} + a_7 Exp_{i,t} + a_8 Top_{i,t} + a_9 Mgt_{i,t} + a_{10} Share_{i,t} +$$
$$a_{11} Msh_{i,t} + a_{12} Labor_{i,t} + a_{13} Twm_{i,t} + \sigma_{i,t} \qquad (5-0)$$

为了验证假设 H_1，探究营商环境对企业竞争力的影响，本书建立模型（5-1）来进行检验，$X_{i,t}$ 表示控制变量，u_i 表示个体效应，$\varepsilon_{i,t}$ 表示随机扰动项（下同）。当 β_1 显著为正数时，说明营商环境对企业竞争力有显著的促进作用，表明假设 1 成立。此处对样本 A 与样本 C 进行相关性检验，并对样本 A 进行数据测算，控制变量 $X_{i,t}$ 将台籍核心技能人才考虑其中。

$$Comp_{i,t} = \beta_1 Env_{i,t} + X_{i,t} + u_i + \varepsilon_{i,t} \qquad (5-1)$$

为了验证假设 H_2，确定企业家精神对企业竞争力的影响，本书构建模型（5-2）来进行检验。当 β_2 显著为正数时，说明企业家精神对企业竞争力有显著的促进作用，表明假设 2 成立。此处对样本 A 与样本 C 进行相关性检验，并对样本 A 进行数据测算，控制变量 $X_{i,t}$ 将台籍核心技能人才考虑其中。

$$Comp_{i,t} = \beta_2 Ent_{i,t} + X_{i,t} + u_i + \varepsilon_{i,t} \qquad (5-2)$$

为了验证假设 H_3，探究科技创新对企业竞争力的影响，本书建立模型（5-3）来进行检验。当 β_3 显著为正数时，说明科技创新对企业竞争力具有积极的促进作用，表明假设 3 成立。此处采用样本 A 与样本 B 的相关性检验，并进行样本 A 的数据测算，控制变量 $X_{i,t}$ 不将台籍核心技能人才考虑其中。

$$Comp_{i,t} = \beta_3 Inno_{i,t} + X_{i,t} + u_i + \varepsilon_{i,t} \qquad (5-3)$$

为了验证假设 H_4，探究台资企业在营商环境作用下，其核心特质对企业竞争力的影响是否存在门槛效应，本书建立模型

（5－4）来进行检验。其中营商环境 Env 为门槛变量；γ_0 为待估计的门槛值；I（·）为示性函数，当括号内表达式为真时，取值为 1，否则取值为 0。当 α_1 和 α_2 存在显著差异时，说明门槛效应存在，假设 4 得到验证。此处采用样本 A 进行计量。由于台资企业核心特质变量取值中已纳入核心人才资源，其中包括台籍核心技能人才，因此控制变量 $X_{i,t}$ 不将台籍核心技能人才考虑其中。

$$Comp_{i,t} = \beta_4 Char_{i,t} + \alpha_1 Env \times Char\ I\ (Env \leqslant \gamma_0) + \alpha_2 Env \times$$
$$Char\ I\ (Env > \gamma_0) + X_{i,t} + u_i + \varepsilon_{i,t} \tag{5-4}$$

为了验证假设 H_5，确定企业多元化经营对企业竞争力的影响，本书构建模型（5－5）来进行检验。当 β_5 显著为正数时，说明企业多元化经营对企业竞争力有显著的促进作用。此处采用样本 A 的数据测算，控制变量 $X_{i,t}$ 将台籍核心技能人才考虑其中。

$$Comp_{i,t} = \beta_5 Mul_{i,t} + X_{i,t} + u_i + \varepsilon_{i,t} \tag{5-5}$$

5.3 实证结果及分析

5.3.1 描述性分析

以企业竞争力为被解释变量，以营商环境、企业家精神、台资企业核心特质、科技创新、多元化经营为解释变量，本书依据表 5－2 分析的结果进行计算，最终呈现数据特征。其他控制变量均按照各自的取值进行分析，在描述性分析中主要观察样本的均值与标准方差的变化情况，详见表 5－3、表 5－4 与表 5－5。

表5－3 样本A描述性分析结果统计表

变量	符号	样本量	最小值	最大值	均值	标准偏差
企业竞争力	Comp	50	0.264	0.894	0.673	0.158
营商环境	Env	50	0.157	0.901	0.641	0.191
企业家精神	Ent	50	0.367	0.842	0.689	0.106
多元化经营	Mul	50	0.242	0.840	0.635	0.128
台资企业核心特质	Char	50	0.011	0.710	0.165	0.174
员工人数	Labor	50	0.133	0.980	0.712	0.221
企业规模	Size	50	0.000	0.922	0.602	0.228
领导权结构	Mgt	50	0.271	0.942	0.608	0.171
资产扩张	Exp	50	0.000	1.000	0.723	0.209
政策支持	Top	50	0.305	0.952	0.666	0.152
科技创新	Inno	50	0.354	0.827	0.609	0.116
海外投资规模	Share	50	0.000	1.000	0.665	0.226
企业人力资本	Msh	50	0.259	0.822	0.613	0.117
台籍核心技能人才	Twm	50	0.011	0.725	0.501	0.216

表5－4 样本B描述性分析结果统计表

变量	符号	样本量	最小值	最大值	均值	标准偏差
企业竞争力	Comp	10	0.376	0.851	0.598	0.215
营商环境	Env	10	0.497	0.788	0.638	0.114
企业家精神	Ent	10	0.067	0.844	0.478	0.267
多元化经营	Mul	10	0.323	0.803	0.571	0.186
员工人数	Labor	10	0.000	0.757	0.505	0.222
企业规模	Size	10	0.210	1.000	0.701	0.205
领导权结构	Mgt	10	0.203	0.953	0.714	0.264
资产扩张	Exp	10	0.086	0.846	0.616	0.240

（续上表）

变量	符号	样本量	最小值	最大值	均值	标准偏差
政策支持	Top	10	0.227	0.914	0.612	0.206
科技创新	Inno	10	0.378	0.716	0.558	0.115
海外投资规模	Share	10	0.263	0.813	0.630	0.189
企业人力资本	Msh	10	0.370	0.818	0.577	0.148

表 5 - 5　样本 C 描述性分析结果统计表

变量	符号	样本量	最小值	最大值	均值	标准偏差
企业竞争力	Comp	10	0.270	0.789	0.540	0.213
营商环境	Env	10	0.409	0.825	0.628	0.159
企业家精神	Ent	10	0.110	0.818	0.475	0.291
多元化经营	Mul	10	0.415	0.748	0.583	0.119
台资企业核心特质	Char	10	0.027	0.912	0.386	0.348
员工人数	Labor	10	0.449	1.000	0.737	0.192
企业规模	Size	10	0.237	0.844	0.560	0.179
领导权结构	Mgt	10	0.154	0.805	0.532	0.253
资产扩张	Exp	10	0.060	0.886	0.620	0.246
政策支持	Top	10	0.305	0.952	0.592	0.229
科技创新	Inno	10	0.281	0.784	0.534	0.177
海外投资规模	Share	10	0.144	0.907	0.586	0.295
企业人力资本	Msh	10	0.234	0.801	0.536	0.178

表 5 - 3、表 5 - 4、表 5 - 5 三个表的数据基本符合第四章的评价分析（就三个表进行对比，可以发现企业规模、员工人数、资产扩张、海外投资规模的标准偏差较大，说明企业"硬实力"的差异明显）。抛开这些所谓"硬实力"，样本企业的竞争力仍是

各不相同的。当然，"硬实力"越强，并不意味着竞争力越强。这从上一章的样本企业竞争力评价得分即可看出：某些股份集团或大型国有企业的竞争力评价得分并不高。究竟为何如此，则需要更多地从企业经营的角度思考。

特别是从台资企业内部来说，无论是大湾区的台资企业，还是非大湾区的台资企业，企业家精神与台资企业核心特质得分的最大值与最小值相比，以及最大值与均值相比，相差明显，这说明台资企业在这两项上存在一定的差异。这也正是本书接下来要进行假设条件验证的有力支持。

5.3.2 假设条件验证

由于研究设计的分析模型属于多元线性回归模型，在进行回归分析前，本书应针对各项变量间存在的多重共线性进行检验。若检验结果存在共线性，则说明回归结果可能不准确。为排除干扰本研究的影响因素，本书选用了 Pearson 相关性检验方法对样本数据进行检验。

（1）对假设 H_1：良好的营商环境对企业竞争力有显著的促进作用，可以通过改善营商环境促进企业竞争力的提升，选用样本 A 与样本 C 的数据进行分析，模型的基本评价结果如表5–6、表5–7所示。

表 5-6 假设 1 条件下样本 A 的相关性评价

	Comp	Env	Labor	Size	Mgt	Exp	Top	Share	Msh	Twm
Comp	1	0.723***	0.289*	0.164	0.160	0.142	0.775***	0.460***	0.571***	0.854***
		0.000	0.042	0.254	0.267	0.327	0.000	0.001	0.000	0.000
Env	0.723***	1	0.234	0.109	0.158	0.070	0.877***	0.466***	0.536***	0.869***
	0.000		0.101	0.452	0.274	0.627	0.000	0.001	0.000	0.000
Labor	0.289*	0.234	1	0.128	0.300*	-0.013	0.182	0.280*	0.165	0.220
	0.042	0.101		0.377	0.034	0.928	0.207	0.049	0.252	0.124
Size	0.164	0.109	0.128	1	0.228	-0.044	0.146	0.063	-0.017	0.012
	0.254	0.452	0.377		0.111	0.760	0.311	0.664	0.906	0.936
Mgt	0.160	0.158	0.300*	0.228	1	-0.272	0.094	0.091	0.177	0.123
	0.267	0.274	0.034	0.111		0.056	0.517	0.529	0.218	0.395
Exp	0.142	0.070	-0.013	-0.044	-0.272	1	0.083	0.033	-0.048	0.189
	0.327	0.627	0.928	0.760	0.056		0.567	0.821	0.741	0.188
Top	0.775***	0.877***	0.182	0.146	0.094	0.083	1	0.414***	0.422***	0.723***
	0.000	0.000	0.207	0.311	0.517	0.567		0.003	0.002	0.000
Share	0.460***	0.466***	0.280*	0.063	0.091	0.033	0.414***	1	0.215	0.434***
	0.001	0.001	0.049	0.664	0.529	0.821	0.003		0.135	0.002
Msh	0.571***	0.536***	0.165	-0.017	0.177	-0.048	0.422***	0.215	1	0.482***
	0.000	0.000	0.252	0.906	0.218	0.741	0.002	0.135		0.000
Twm	0.854***	0.869***	0.220	0.012	0.123	0.189	0.723***	0.434***	0.482***	1
	0.000	0.000	0.124	0.936	0.395	0.188	0.000	0.002	0.000	

注：***表示显著性水平在 0.01（双尾）相关性显著；*表示显著性水平在 0.05（双尾）相关性显著。

表 5 - 7　假设 1 条件下样本 C 的相关性评价

	Comp	Env	Labor	Size	Mgt	Exp	Top	Share	Msh	Twm
Comp	1	0.570***	0.501	0.158	0.055	0.288	0.934***	0.753*	0.706*	0.930***
		0.000	0.140	0.663	0.879	0.420	0.000	0.012	0.023	0.000
Env	0.570***	1	0.524	0.036	0.017	0.143	0.927***	0.765***	0.673*	0.871***
	0.000		0.120	0.922	0.963	0.694	0.000	0.010	0.033	0.001
Labor	0.501	0.524	1	-0.424	-0.419	0.056	0.645*	0.246	0.668*	0.461
	0.140	0.120		0.221	0.229	0.877	0.044	0.493	0.035	0.180
Size	0.158	0.036	-0.424	1	-0.004	0.377	0.174	0.426	0.006	0.255
	0.663	0.922	0.221		0.991	0.283	0.630	0.220	0.986	0.476
Mgt	0.055	0.017	-0.419	-0.004	1	-0.112	-0.177	0.151	-0.043	0.025
	0.879	0.963	0.229	0.991		0.758	0.624	0.677	0.907	0.945
Exp	0.288	0.143	0.056	0.377	-0.112	1	0.286	-0.058	0.043	0.348
	0.420	0.694	0.877	0.283	0.758		0.422	0.874	0.905	0.325
Top	0.934***	0.927***	0.645*	0.174	-0.177	0.286	1	0.781***	0.768***	0.853***
	0.000	0.000	0.044	0.630	0.624	0.422		0.008	0.010	0.002
Share	0.753*	0.765***	0.246	0.426	0.151	-0.058	0.781***	1	0.535	0.641*
	0.012	0.010	0.493	0.220	0.677	0.874	0.008		0.111	0.046
Msh	0.706*	0.673*	0.668*	0.006	-0.043	0.043	0.768***	0.535	1	0.704*
	0.023	0.033	0.035	0.986	0.907	0.905	0.010	0.111		0.023
Twm	0.930***	0.871***	0.461	0.255	0.025	0.348	0.853***	0.641*	0.704*	1
	0.000	0.001	0.180	0.476	0.945	0.325	0.002	0.046	0.023	

注：＊＊＊表示显著性水平在 0.01（双尾）相关性显著；＊表示显著性水平在 0.05（双尾）相关性显著。

通过比较样本 A 与样本 C 之间的相关性系数可知，两个样本的企业竞争力与营商环境的系数都是正数，这说明大湾区和非大湾区的营商环境与台资企业竞争力间的关系均存在显著的正相关关系。样本 A 的系数为 0.723，样本 C 为 0.570，这可以理解为大湾区的营商环境对台资企业竞争力的作用效果要强于非大湾区。因此，选择大湾区为台资企业所在地，更有利于企业发挥竞争力。

（2）为验证假设 H_2，本书对企业家精神与企业竞争力间的关系进行相关性评价，选用样本 A 与样本 C 的数据进行分析，结果如表 5-8、表 5-9 所示。

表 5-8　假设 2 条件下样本 A 的相关性评价

	Comp	Ent	Labor	Size	Mgt	Top	Exp	Share	Msh	Twm
Comp	1	0.753***	0.289*	0.164	0.160	0.775***	0.460***	0.614***	0.571***	0.854***
		0.000	0.042	0.254	0.267	0.000	0.001	0.000	0.000	0.000
Ent	0.753***	1	0.257	0.131	0.097	0.714***	0.415***	0.598***	0.496***	0.800***
	0.000		0.072	0.364	0.503	0.000	0.003	0.000	0.000	0.000
Labor	0.289*	0.257	1	0.128	0.300*	0.182	0.280*	-0.028	0.165	0.220
	0.042	0.072		0.377	0.034	0.207	0.049	0.846	0.252	0.124
Size	0.164	0.131	0.128	1	0.228	0.146	0.063	-0.018	-0.017	0.012
	0.254	0.364	0.377		0.111	0.311	0.664	0.901	0.906	0.936
Mgt	0.160	0.097	0.300*	0.228	1	0.094	0.091	-0.045	0.177	0.123
	0.267	0.503	0.034	0.111		0.517	0.529	0.757	0.218	0.395
Top	0.775***	0.714***	0.182	0.146	0.094	1	0.414***	0.614***	0.422***	0.723***
	0.000	0.000	0.207	0.311	0.517		0.003	0.000	0.002	0.000
Exp	0.460***	0.415***	0.280*	0.063	0.091	0.414***	1	0.392***	0.215	0.434***
	0.001	0.003	0.049	0.664	0.529	0.003		0.005	0.135	0.002

（续上表）

	Comp	Ent	Labor	Size	Mgt	Top	Exp	Share	Msh	Twm
Share	0.614***	0.598***	-0.028	-0.018	-0.045	0.614***	0.392***	1	0.439***	0.667***
	0.000	0.000	0.846	0.901	0.757	0.000	0.005		0.001	0.000
Msh	0.571***	0.496***	0.165	-0.017	0.177	0.422***	0.215	0.439***	1	0.482***
	0.000	0.000	0.252	0.906	0.218	0.002	0.135	0.001		0.000
Twm	0.854***	0.800***	0.220	0.012	0.123	0.723***	0.434***	0.667***	0.482***	1
	0.000	0.000	0.124	0.936	0.395	0.000	0.002	0.000	0.000	

注：＊＊＊表示显著性水平在 0.01（双尾）相关性显著；＊表示显著性水平在 0.05（双尾）相关性显著。

表 5 - 9　假设 2 条件下样本 C 的相关性评价

	Comp	Ent	Labor	Size	Mgt	Top	Exp	Share	Msh	Twm
Comp	1	0.639***	0.385	0.396	0.668*	0.761*	0.834***	0.674*	0.750*	0.847***
		0.000	0.272	0.257	0.035	0.010	0.003	0.033	0.012	0.002
Ent	0.639***	1	0.097	0.284	0.745*	0.553	0.901***	0.519	0.657*	0.844***
	0.000		0.789	0.427	0.013	0.097	0.000	0.124	0.039	0.002
Labor	0.385	0.097	1	0.212	-0.099	0.768***	0.135	0.467	0.126	0.387
	0.272	0.789		0.557	0.785	0.010	0.709	0.174	0.729	0.269
Size	0.396	0.284	0.212	1	0.395	0.470	0.308	0.290	0.470	0.228
	0.257	0.427	0.557		0.258	0.170	0.386	0.416	0.170	0.526
Mgt	0.668*	0.745*	-0.099	0.395	1	0.319	0.535	-0.031	0.547	0.406
	0.035	0.013	0.785	0.258		0.369	0.111	0.933	0.102	0.244
Top	0.761*	0.553	0.768***	0.470	0.319	1	0.465	0.682*	0.543	0.589
	0.010	0.097	0.010	0.170	0.369		0.176	0.030	0.105	0.073
Exp	0.834***	0.901***	0.135	0.308	0.535	0.465	1	0.506	0.487	0.871***
	0.003	0.000	0.709	0.386	0.111	0.176		0.136	0.154	0.001

（续上表）

	Comp	Ent	Labor	Size	Mgt	Top	Exp	Share	Msh	Twm
Share	0. 674 *	0. 519	0. 467	0. 290	- 0. 031	0. 682 *	0. 506	1	0. 644 *	0. 632
	0. 033	0. 124	0. 174	0. 416	0. 933	0. 030	0. 136		0. 045	0. 050
Msh	0. 750 *	0. 657 *	0. 126	0. 470	0. 547	0. 543	0. 487	0. 644 *	1	0. 361
	0. 012	0. 039	0. 729	0. 170	0. 102	0. 105	0. 154	0. 045		0. 306
Twm	0. 847 ***	0. 844 ***	0. 387	0. 228	0. 406	0. 589	0. 871 ***	0. 632	0. 361	1
	0. 002	0. 002	0. 269	0. 526	0. 244	0. 073	0. 001	0. 050	0. 306	

注：＊＊＊表示显著性水平在 0.01（双尾）相关性显著；＊表示显著性水平在 0.05（双尾）相关性显著。

通过比较样本 A 与样本 C 之间的相关性系数可知，样本 A 企业家精神与企业竞争力之间的系数是 0.753，样本 C 为 0.639，这表明大湾区和非大湾区的台资企业的企业家精神与企业竞争力间的关系均存在显著的正相关关系，更说明无论所处何地，企业家精神对企业竞争力都具有积极的作用。

（3）为验证假设 H₃：对大湾区台资企业而言，科技创新越强，企业竞争力提升越显著，选用样本 A 与样本 B 的数据进行相关性分析，结果如表 5-10、表 5-11 所示。

表 5-10　假设 3 条件下样本 A 的相关性评价

	Comp	Inno	Labor	Size	Mgt	Exp	Top	Share	Msh	Twm
Comp	1	0. 460 ***	0. 289 *	0. 164	0. 143	0. 142	0. 775 ***	0. 614 ***	0. 571 ***	0. 362 ***
		0. 001	0. 042	0. 254	0. 001	0. 327	0	0	0	0

（续上表）

	Comp	Inno	Labor	Size	Mgt	Exp	Top	Share	Msh	Twm
Inno	0.460***	1	0.280*	0.063	1.265	0.033	0.414***	0.392***	0.215	0.224
	0.001		0.049	0.664	0.006	0.821	0.003	0.005	0.135	0.253
Labor	0.289*	0.280*	1	0.128	0.626	−0.013	0.182	−0.028	0.165	0.631
	0.042	0.049		0.377	0.075	0.928	0.207	0.846	0.252	0.324
Size	0.164	0.063	0.128	1	0.512	−0.044	0.146	−0.018	−0.017	0.318
	0.254	0.664	0.377		0.001	0.76	0.311	0.901	0.906	0.267
Mgt	0.143	1.265	0.626	0.512	1	1.564	0.476	1.82	0.829	0.216
	0.001	0.006	0.075	0.001		0.038	0.141	0.023	0.752	0.165
Exp	0.142	0.033	−0.013	−0.044	1.564	1	0.083	0.18	−0.048	0.871
	0.327	0.821	0.928	0.76	0.038		0.567	0.21	0.741	0.267
Top	0.775***	0.414***	0.182	0.146	0.476	0.083	1	0.614***	0.422***	0.233***
	0	0.003	0.207	0.311	0.141	0.567		0	0.002	0.014
Share	0.614***	0.392***	−0.028	−0.018	1.82	0.18	0.614***	1	0.439***	0.308***
	0	0.005	0.846	0.901	0.023	0.21	0		0.001	0.618
Msh	0.571***	0.215	0.165	−0.017	0.829	−0.048	0.422***	0.439***	1	0.497
	0	0.135	0.252	0.906	0.752	0.741	0.002	0.001		0.134
Twm	0.362***	0.224	0.631	0.318	0.216	0.871	0.233***	0.308***	0.497***	1
	0	0.253	0.324	0.267	0.165	0.267	0.014	0.618	0.134	

注：***表示显著性水平在0.01（双尾）相关性显著；*表示显著性水平在0.05（双尾）相关性显著。

表 5 - 11　假设 3 条件下样本 B 的相关性评价

	Comp	Inno	Labor	Size	Mgt	Exp	Top	Share	Msh	Twm
Comp	1	0.634***	0.501	0.158	1.168	0.288	0.934***	0.787***	0.706*	0.644
		0.003	0.14	0.663	0.001	0.42	0	0.007	0.023	0.041

（续上表）

	Comp	Inno	Labor	Size	Mgt	Exp	Top	Share	Msh	Twm
Inno	0.634***	1	0.135	0.308	0.464	0.151	0.465	0.506	0.487	0.318
	0.003		0.709	0.386	0.001	0.677	0.176	0.136	0.154	0.244
Labor	0.501	0.135	1	−0.424	0.866	0.056	0.645*	0.306	0.668*	0.428*
	0.14	0.709		0.221	0.324	0.877	0.044	0.389	0.035	0.052
Size	0.158	0.308	−0.424	1	0.462	0.377	0.174	0.188	0.006	0.011
	0.663	0.386	0.221		0.221	0.283	0.63	0.603	0.986	0.174
Mgt	1.168	0.464	0.866	0.462	1	0.189	0.086	0.018	0.466	0.337
	0.001	0.001	0.324	0.221		0.095	0	0.433	0.296	0.015
Exp	0.288	0.151	0.056	0.377	0.189	1	0.286	0.524	0.043	0.017
	0.42	0.677	0.877	0.283	0.095		0.422	0.12	0.905	0.557
Top	0.934***	0.465	0.645*	0.174	0.086	0.286	1	0.763*	0.768***	0.463
	0	0.176	0.044	0.63	0	0.422		0.01	0.01	0.14
Share	0.787***	0.506	0.306	0.188	0.018	0.524	0.763*	1	0.709*	0.491*
	0.007	0.136	0.389	0.603	0.433	0.12	0.01		0.022	0.142
Msh	0.706*	0.487	0.668*	0.006	0.466	0.043	0.768***	0.709*	1	0.127
	0.023	0.154	0.035	0.986	0.296	0.905	0.01	0.022		0.262
Twm	0.644	0.318	0.428*	0.011	0.337	0.017	0.463	0.491*	0.127	1
	0.041	0.244	0.052	0.174	0.015	0.557	0.14	0.142	0.262	

注：＊＊＊表示显著性水平在0.01（双尾）相关性显著；＊表示显著性水平在0.05（双尾）相关性显著。

对比表5-10和表5-11可以看出，科技创新与企业竞争力的相关系数都为正数，这说明企业竞争力与其创新性之间存在显著的正相关关系。大湾区台资企业的系数为0.460，大湾区非台资企业的系数为0.634，这表明大湾区非台资企业科技创新对企业竞争力的提升作用要高于大湾区台资企业。可能的原因在于经过了台资企业家早期的打拼，台资企业已经具备了较好的技术条件，不少企业管理者把主要的精力放在了营销方面，对技术创新的重视程度不足，导致科技创新对企业竞争力的带动作用有所下降。

大湾区台资企业的科技创新对企业竞争力的提升具有积极的推动作用，假设3得以验证。但这一推动作用仍存在上升空间，因此注重核心技术、保持并加大研发投入、推动创新发展是台资企业的必要发展路径。

（4）为验证假设H_4：大湾区台资企业的核心特质在营商环境的作用下对企业竞争力存在门槛效应，本书探究在不同营商环境的背景下，台资企业核心特质指标对企业竞争力的影响是否存在门槛效应。

本书采用 Bootstrap 与 Hansen 法进行抽样检验统计。

第一，门槛回归。为实证考察台资企业核心特质在企业竞争力提升过程中的门槛效应，参照 Hansen（1999）关于门槛问题的研究，构造截面数据的门槛回归模型如模型（5-6）所示。

$$\begin{cases} y_i = \beta'_{10} + \beta'_1 x_i + \mu_i, q_i \leqslant \gamma \\ y_i = \beta'_{20} + \beta'_2 x_i + \mu_i, q_i > \gamma \end{cases} \quad (5-6)$$

模型（5-6）中 x_i 为解释变量，β'_1 与 β'_2 分别为不同子样本下解释变量的回归系数。μ_i 为扰动项且服从独立同分布，q_i 为门槛变量，γ 为待估计的门槛值。

第二，变量说明。本部分指标体系如表5-12所示。

表 5 – 12　门槛效应指标体系

变量类型	变量名称	符号表示
被解释变量	企业竞争力	$Comp$
核心解释变量	台资企业核心特质	$Char$
门槛变量	营商环境	Env
控制变量	基础条件	x_1
	社会环境	x_2
	企业运营	x_3
	产业结构	x_4
	机遇保障	x_5

第三，门槛效应检验。对模型（5 – 6）进行门槛效应检验，得到检验结果如表 5 – 13 所示。

表 5 – 13　门槛效应检验结果

门槛估计值	0. 723 9
95% 置信区间	[0. 553 6, 0. 723 9]
残差平方和	0. 004 7
残余方差	0. 002 1
可决系数	0. 994 3

由表 5 – 13 可知，模型（5 – 6）的门槛估计值为 0. 723 9，且就整体而言，模型的可决系数为 0. 994 3，其解释效果较好。为了检验门槛的显著性，对模型（5 – 6）进行 2 000 次 Bootstrap 自抽样，从而确定其拉格朗日乘数（LM）F 检验统计值的分位点，得到检验结果如表 5 – 14 所示。

表 5 - 14　分位点

H_0：无门槛效应	
Bootstrap 重复次数	2 000
修整百分比	0.15
LM 检验统计量	19.750 2
Bootstrap P 值	0.000 0

由表 5 - 14 可知，2 000 次 Bootstrap 自抽样检验的 P 值为 0.000 0，小于 0.001（即 1%），这表明拉格朗日乘数（LM）检验的检验结果在 99% 的置信水平[①]上不接受"无门槛效应"的原假设，该模型存在显著的门槛效应，门槛效应检验结果如图 5 - 1 所示。

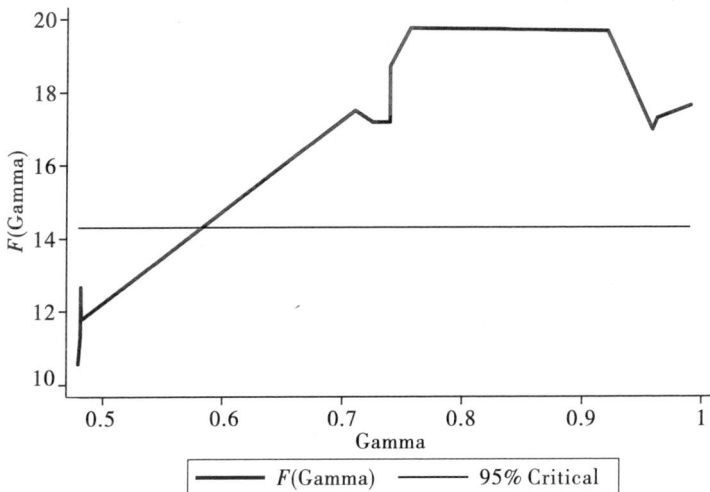

图 5 - 1　门槛效应检验图

---

① 99% 的置信水平，即 0.01 显著性水平；95% 的置信水平，即 0.05 的显著性水平。两者混用，后面不再单独解释。

图 5 - 1 更直观地表明模型（5 - 6）的 F 统计值远远大于图 5 - 1 中水平线为 95% 的分位线。曲线表示 F 统计线，可以更直观地表明模型（5 - 6）的 F 统计值远大于 Bootstrap 自抽样产生的 95% 分位点，即模型存在显著的门槛效应，可应用门槛回归模型进行相应的实证研究。

第四，门槛回归结果及分析。基于 Hansen 已有的研究，运用 Stata 14.0 对模型（5 - 6）进行估计，模型（5 - 6）门槛值的置信区间检验结果如图 5 - 2 所示。

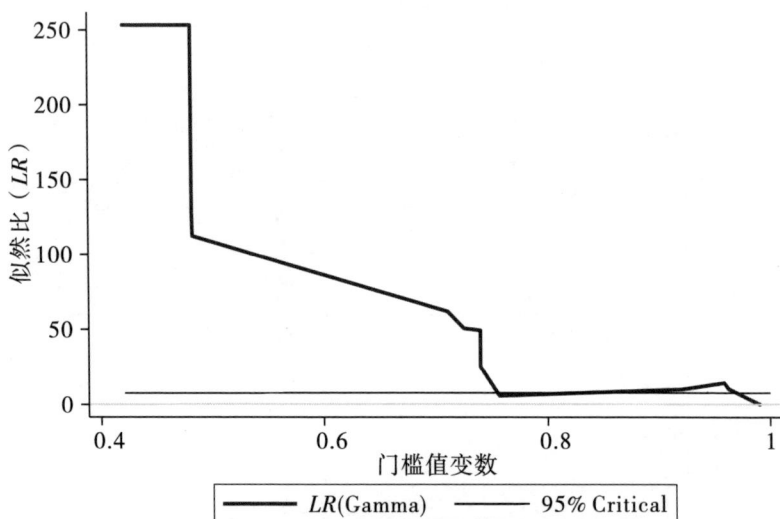

图 5 - 2 门槛值的置信区间检验图

由图 5 - 2 可以看出，门槛变量营商环境（Env）在（0.553 6，0.723 9）区间范围内跨越其似然比（LR）检验统计值的 95% 分位点，即营商环境的门槛值在上述区间范围内。

门槛回归结果如表 5-15 所示。

表 5-15 门槛回归结果表

变量	Global OLS 估计	门槛回归估计	
		$Env \leq 0.7239$	$Env > 0.7239$
常数项	0.012 1	0.036 6	0.297 1
	(0.012 8)	(0.009 1)	(0.065 5)
$Char$	0.179 5	0.271 5	0.032 0
	(0.028 4)	(0.028 0)	(0.020 0)
x_1	-0.020 7	-0.002 5	-0.026 0
	(0.020 7)	(0.017 2)	(0.032 9)
x_2	0.008 1	-0.008 5	-0.028 5
	(0.0191)	(0.010 9)	(0.0470)
x_3	0.194 1	0.189 5	0.082 4
	(0.021 5)	(0.017 4)	(0.052 4)
x_4	0.393 2	0.277 2	0.422 5
	(0.024 1)	(0.017 5)	(0.018 8)
x_5	0.322 9	0.309 4	0.212 9
	(0.033 6)	(0.021 4)	(0.041 2)
观测变量	50	29	21
自由度	43	22	14
残余方差	0.000 1	0.000 6	0.000 3
可决系数	0.989 3	0.998 3	0.960 9

注:括号内为标准差。

跨越门槛前后各系数估计值 95% 置信区间如表 5-16 所示。

表 5-16　门槛置信区间表

变量	95% 置信区间			
	$Env \leqslant 0.7239$		$Env > 0.7239$	
	下限	上限	下限	上限
Intercept	0.018 7	0.054 5	0.168 8	0.425 4
Char	0.216 7	0.326 3	-0.007 2	0.071 3
x_1	-0.036 3	0.031 2	-0.090 5	0.038 5
x_2	-0.029 8	0.012 9	-0.120 6	0.063 6
x_3	0.155 4	0.223 7	-0.020 4	0.185 2
x_4	0.243 0	0.311 5	0.385 6	0.459 4
x_5	0.267 4	0.351 4	0.132 2	0.293 6

由以上的回归结果可得出如下结论：

第一，全局最小二乘回归的可决系数为 0.989 3，门槛回归的可决系数为 0.994 3，这表明整体而言，门槛回归模型对企业竞争力的解释效果更好。

第二，门槛变量营商环境在影响企业竞争力提升的过程中存在显著的单一门槛，其门槛值为 0.723 9。

第三，当企业的营商环境低于 0.723 9 时，核心解释变量台资企业核心特质对竞争力的影响为 0.271 5，该系数 95% 置信区间为 (0.216 7，0.326 3)，表明该系数在 95% 的显著性水平上显著，系数符合模型要求。而当企业的营商环境跨越门槛时，台资企业核心特质对竞争力的影响下降为 0.032 0，但该系数的 95% 置信区间包含 0 在内，即该系数并未通过显著性检验。这表明当企业的营商环境在适度范围内时，台资企业核心特质的改善能够显著促进企业竞争力的提升。其具体表现为在其他变量保持不变的前提下，台资企业核心特质每提升一个单位，能够带动竞争力提升 0.271 5 个单位。但当企业的营商环境（Env）跨越 0.723 9 的门槛时，台资企业核心特质对竞争力的带动作用不再明显。

第四，当企业的营商环境低于 0.723 9 时，基础条件（x_1）对竞争力（Comp）的影响为 -0.002 5，而当企业的营商环境跨越门槛时，基础条件对竞争力的影响进一步下降为 -0.026 0。然而这两个系数的 95% 置信区间均包含 0 在内，这表明在 95% 的显著性水平上不能拒绝系数为 0 的原假设，说明系数可能为 0，即基础条件对竞争力的作用基本不受到企业营商环境的影响，无论企业的营商环境是否跨越门槛，基础条件对竞争力的影响均不显著。

第五，当企业的营商环境低于 0.723 9 时，社会环境（x_2）对竞争力的影响为 -0.008 5，而当企业的营商环境跨越门槛时，社会环境对竞争力的影响进一步下降为 -0.028 5。这两个系数的 95% 置信区间同样均包含 0 在内，这表明在 95% 的显著性水平上不能拒绝系数为 0 的原假设。即社会环境对竞争力的作用基本不受到企业营商环境的影响，无论企业的营商环境是否跨越门槛，社会环境对竞争力的影响均不显著。这与后文所做的中介效应检验结果基本吻合。

第六，当企业的营商环境低于 0.723 9 时，企业运营（x_3）对竞争力的影响为 0.189 5，该系数的 95% 置信区间为（0.155 4，0.223 7），表明该系数在 95% 的显著性水平上显著；

而当企业的营商环境跨越门槛时，企业运营对竞争力的影响下降为0.082 4，但该系数的95%置信区间包含 0 在内，表明该系数并未通过显著性检验。这表明当企业的营商环境在适度范围内时，企业运营能力的提升能够显著促进企业竞争力的提升。其具体表现为在其他变量保持不变的前提下，企业运营每提升一个单位，能够带动竞争力提升 0.189 5 个单位。

第七，当企业的营商环境低于 0.723 9 时，产业结构（x_4）对竞争力的影响为 0.277 2，而当企业的营商环境跨越门槛时，产业结构对竞争力的影响进一步提升为 0.422 5。这两个系数的95%置信区间均不包含 0 在内，说明在95%的显著性水平上不能接受系数为 0 的原假设，即两个系数均通过显著性检验。这表明企业营商环境的提升能够显著加强产业结构对企业竞争力的带动作用。

第八，当企业的营商环境低于 0.723 9 时，机遇保障（x_5）对竞争力的影响为 0.309 4，而当企业的营商环境跨越门槛时，机遇保障对竞争力的影响则下降为 0.212 9，且这两个系数均在95%的显著性水平上显著。这表明随着企业营商环境的提升，机遇保障对企业竞争力的带动作用会显著降低。

目前而言，作为样本的 50 家大湾区台资企业中，有 40 家企业的营商环境水平跨越了 0.723 9 的门槛，企业竞争力评价得分较高；另外 10 家企业的营商环境水平低于门槛值，企业竞争力评价得分较低，因此假设 H_4 可以得到验证。

（5）为验证假设 H_5，基于模型（5 - 5）对多元化经营与企业竞争力间的关系进行回归分析，选用样本 A 的数据进行分析，对模型的相关性评价如表 5 - 17 所示。

表 5 - 17　假设 5 条件下样本 A 的相关性评价

	Comp	Mul	Twm	Labor	Size	Mgt	Exp	Top	Share	Msh
Comp	1	0. 550 ***	0. 854 ***	0. 289 *	0. 164	0. 344	0. 16	0. 775 ***	0. 460 ***	0. 571 ***
		0	0	0. 042	0. 254	0. 031	0. 267	0	0. 001	0
Mul	0. 550 ***	1	0. 800 ***	0. 257	0. 131	0. 597	0. 097	0. 714 ***	0. 415 ***	0. 496 ***
	0		0	0. 072	0. 364	0. 003	0. 503	0	0. 003	0
Twm	0. 854 ***	0. 800 ***	1	0. 22	0. 012	0. 186	0. 123	0. 723 ***	0. 434 ***	0. 482 ***
	0	0		0. 124	0. 936	0. 014	0. 395	0	0. 002	0
Labor	0. 289 *	0. 257	0. 22	1	0. 128	0. 626	0. 300 *	0. 182	0. 280 *	0. 165
	0. 042	0. 072	0. 124		0. 377	0. 075	0. 034	0. 207	0. 049	0. 252
Size	0. 164	0. 131	0. 012	0. 128	1	0. 254	0. 228	0. 146	0. 063	- 0. 017
	0. 254	0. 364	0. 936	0. 377		0. 011	0. 111	0. 311	0. 664	0. 906
Mgt	0. 344	0. 597	0. 186	0. 626	0. 251	1	- 0. 006	0. 476	0. 265	0. 129
	0. 031	0. 003	0. 014	0. 075	0. 011		- 0. 123	0. 641	0	0. 021
Exp	0. 16	0. 097	0. 123	0. 300 *	0. 228	- 0. 006	1	0. 094	0. 091	0. 177
	0. 267	0. 503	0. 395	0. 034	0. 111	- 0. 123		0. 517	0. 529	0. 218
Top	0. 775 ***	0. 714 ***	0. 723 ***	0. 182	0. 146	0. 476	0. 094	1	0. 414 ***	0. 422 ***
	0	0	0	0. 207	0. 311	0. 641	0. 517		0. 003	0. 002
Share	0. 460 ***	0. 415 ***	0. 434 ***	0. 280 *	0. 063	0. 265	0. 091	0. 414 ***	1	0. 215
	0. 001	0. 003	0. 002	0. 049	0. 664	0	0. 529	0. 003		0. 135
Msh	0. 571 ***	0. 496 ***	0. 482 ***	0. 165	- 0. 017	0. 129	0. 177	0. 422 ***	0. 215	1
	0	0	0	0. 252	0. 906	0. 021	0. 218	0. 002	0. 135	

注：＊＊＊表示显著性水平在 0.01 （双尾）相关性显著；＊表示显著性水平在 0.05 （双尾）相关性显著。

样本 A 中企业竞争力与多元化经营的系数是 0.550，说明多元化经营与企业竞争力间的关系均存在显著的正相关关系。

5.3.3 回归分析

为验证模型（5-1）和假设 H_1 成立，对营商环境与企业竞争力间的关系进行回归分析，对样本 A 进行如下基本评价，结果如表5-18所示。

表5-18 模型（5-1）的基本评价

数据源	SS	df	MS	Number of obs	=	50
模型	1.090 2	9	0.121 1	$F(9, 40)$	=	35.7
残差	0.135 8	40	0.003 4	$Prob > F$	=	0.000 0
总体	1.225 9	49	0.025 0	Adj $R - squared$	=	0.864 4

由表5-18可知，模型整体 F 检验的 P 值为 0.000 0，故模型在1%的显著性水平上表现为显著。其调整后可决系数为 0.864 4，模型拟合效果较好。回归结果如表5-19所示。

表5-19 模型（5-1）的回归结果

变量	系数	标准差	t 值	$P > t$
Env	0.646 0	0.137 3	4.71	0.000 0***
Labor	0.041 3	0.041 3	1.00	0.323 0
Size	0.066 0	0.038 7	1.71	0.096 0*
Mgt	-0.014 3	0.055 1	-0.26	0.796 0
Exp	0.052 4	0.043 6	1.20	0.236 0
Top	-0.127 2	0.118 1	-1.08	0.288 0

（续上表）

变量	系数	标准差	t 值	$P > t$
Msh	0.154 4	0.086 2	1.79	0.081 0*
Share	0.012 4	0.024 2	0.79	0.143 0
Twm	0.129 3	0.084 4	1.53	0.133 0
_cons	0.026 3	0.080 3	0.33	0.745 0

注：＊＊＊表示显著性水平在 0.001（双尾）相关性显著；＊表示显著性水平在 0.1（双尾）相关性显著，_cons 为截距（常数项）。

表 5 − 19 的回归分析结果表明，在样本 A 中，营商环境（Env）非标准化系数均为正值，且 P 值小于 0.05，即在 5% 的显著性水平上表现为显著，这满足了模型显著性验证的要求。可以得出营商环境与企业竞争力呈显著的正相关关系这一结论，且各项控制变量的 P 值仅少部分大于 0.1 的显著性水平，模型基本满足预期值的要求。模型的 R^2 为 0.864 4，这说明模型的拟合度较高，结论较为合理。样本 A 系数回归结果均能证明 H_1 假设成立，营商环境对企业竞争力有显著的促进作用。

进一步对模型进行多重共线性检验，得到检验结果如表 5 − 20 所示。

表 5 − 20　模型（5 − 1）多重共线性检验

变量	VIF	1/VIF
Env	9.91	0.100 9
Twm	4.69	0.213 3
Share	4.63	0.216 0

（续上表）

变量	VIF	1/VIF
Top	4.62	0.216 3
Msh	1.47	0.681 4
Mgt	1.28	0.779 9
Labor	1.20	0.832 1
Exp	1.19	0.837 4
Size	1.12	0.892 1
Mean VIF	2.98	

所有变量 VIF 值均低于 10，故认为模型不存在多重共线性。

继续运用 White 检验与 Breusch – Pagan 检验这两种检验对模型（5-1）进行异方差检验，得到的检验结果如表 5-21 所示。

表 5-21　模型（5-1）异方差检验

	White 检验	Breusch-Pagan/Cook-Weisberg test
原假设	homoskedasticity	constant variance
备择假设	unrestricted heteroskedasticity	non-constant variance
检验统计量	$\chi^2(49) = 50.00$	$\chi^2(9) = 11.27$
P 值	$Prob > chi2 = 0.433\ 4$	$Prob > chi2 = 0.257\ 5$

表 5-21 的检验结果表明，White 检验与 Breusch – Pagan 检验的结果均显示不拒绝同方差的原假设，故认为模型不存在异方差，模型设定合理，可进行普通最小二乘回归估计。

为验证模型（5-2）和假设 H_2 成立，选用样本 A 的数据进行分析。对模型（5-2）的基本评价结果如表 5-22 所示。

表 5 - 22　模型（5 - 2）的基本评价

数据源	SS	df	MS	Number of obs	=	50
模型	1. 029 0	8	0. 128 6	F（8，41）	=	26. 79
残差	0. 196 8	41	0. 004 8	Prob > F	=	0. 000 0
总体	1. 225 9	49	0. 025 0	Adj R - squared	=	0. 808 1

　　由表 5 - 22 的结果可知，模型整体 F 检验的 P 值为 0. 000 0，故模型在 1% 的显著性水平上表现为显著。其调整后的可决系数为 0. 808 1，模型拟合效果较好。回归结果如表 5 - 23 所示。

表 5 - 23　模型（5 - 2）的回归结果

变量	系数	标准差	t 值	$P > t$
Ent	0. 363 8	0. 193 7	1. 88	0. 067 0*
Labor	0. 048 8	0. 048 2	1. 01	0. 318 0
Size	0. 046 5	0. 048 1	0. 97	0. 340 0
Mgt	0. 010 6	0. 024 7	0. 91	0. 240 0
Exp	0. 028 6	0. 049 5	0. 58	0. 567 0
Top	0. 249 2	0. 102 3	2. 44	0. 009 0***
Share	- 0. 031 7	0. 066 9	- 0. 47	0. 638 0
Msh	0. 164 9	0. 110 4	1. 49	0. 143 0
Twm	0. 324 2	0. 089 1	3. 64	0. 001 0***
_ cons	- 0. 169 1	0. 084 4	- 2. 00	0. 052 0*

　　注：＊＊＊表示显著性水平在 0. 01（双尾）相关性显著，＊表示显著性水平在 0. 05（双尾）相关性显著，_cons 为截距（常数项）。

　　由表 5 - 23 的结果可知，在样本 A 中，企业家精神的 Sig 值均在 0.01 的范围内，表明企业家精神与企业竞争力之间存在显著的正相关关系。从结果上看，企业家精神每变化 1 个单位，企业竞争力将会随之增加 0.363 8 个单位。此外，由表 5-22 可知模型的 R^2 为 0.808 1，这也说明了该模型的解释力较强、拟合度较好。综上，模型（5-2）的基本评价和回归结果均能证明 H_2 假设成立，企业家精神对企业竞争力有显著的促进作用。

进一步对模型进行多重共线性检验，得到的检验结果如表 5-24 所示。

表 5-24　模型（5-2）多重共线性检验

变量	VIF	1/VIF
Ent	4.31	0.232 1
Twm	3.69	0.270 9
Top	2.45	0.407 8
Share	2.34	0.427 1
Msh	1.7	0.587 2
Mgt	1.51	0.662 3
Size	1.22	0.816 6
Labor	1.16	0.862 8
Exp	1.09	0.916 6
Mean VIF	2.25	

所有变量 VIF 值均低于 10，故认为模型不存在多重共线性。

继续运用 White 检验与 Breusch-Pagan 检验这两种检验对模型（5-2）进行异方差检验，得到的检验结果如表 5-25 所示。

表 5 - 25　模型（5 - 2）异方差检验

	White 检验	Breusch-Pagan/Cook-Weisberg test
原假设	homoskedasticity	constant variance
备择假设	unrestricted heteroske-dasticity	non-constant variance
检验统计量	$\chi^2(49) = 46.84$	$\chi^2(9) = 7.85$
P 值	$Prob > chi2 = 0.3568$	$Prob > chi2 = 0.4483$

表 5 - 25 的检验结果表明，不拒绝同方差的原假设，故认为模型不存在异方差，模型设定合理，可进行普通最小二乘回归估计。

为验证模型（5 - 3）和假设 H₃ 成立，选用样本 A 的数据进行分析，对模型（5 - 3）的基本评价如表 5 - 26 所示。

表 5 - 26　模型（5 - 3）的基本评价

数据源	SS	df	MS	Number of obs	=	50
模型	1.1632	9	0.1292	$F(9, 40)$	=	82.53
残差	0.0626	40	0.0016	$Prob > F$	=	0.0000
总体	1.2259	49	0.0250	Adj R - squared	=	0.9374

由表 5 - 26 可知，模型整体 F 检验的 P 值为 0.0000，故模型在 1% 的显著性水平上显著。其调整后的可决系数为 0.9374，模型拟合效果较好，回归结果如表 5 - 27 所示。

表 5 - 27   模型（5 - 3）回归结果

变量	系数	标准差	t 值	$P > t$
Inno	0.793 9	0.081 3	9.76	0.000 0
Labor	0.010 0	0.029 3	0.34	0.733 0
Size	0.036 5	0.026 6	1.37	0.178 0
Mgt	0.019 1	0.036 3	0.53	0.602 0
Top	0.122 6	0.059 7	2.05	0.047 0
Share	-0.028 4	0.037 6	-0.76	0.454 0
Msh	0.145 3	0.058 5	2.48	0.017 0
Exp	0.153 4	0.051 4	2.98	0.005 0
_ cons	-0.179 5	0.043 7	-4.11	0.000 0

由表 5 - 27 可知，在样本 A 中，科技创新的 *Sig* 值均在 0.01 的范围内，表明科技创新与企业竞争力之间存在显著的正相关关系，且科技创新每变化 1 个单位，企业竞争力将会随之增加 0.793 9 个单位。由表 5 - 26 可知模型的 R^2 为 0.937 4，这说明了该模型的解释力较强、拟合度较好。因此，H_3 假设成立，科技创新对企业竞争力有显著的促进作用。

进一步对模型进行多重共线性检验，得到的检验结果如表 5 - 28 所示。

表 5 - 28   模型（5 - 3）多重共线性检验

变量	*VIF*	*1/VIF*
Exp	3.77	0.265 0
Inno	3.40	0.294 2

（续上表）

变量	VIF	1/VIF
Top	2.56	0.390 3
Share	2.27	0.441 2
Labor	1.81	0.552 5
Msh	1.47	0.682 1
Mgt	1.21	0.828 9
Size	1.15	0.872 1
Mean VIF	2.06	

由于所有变量 VIF 值均低于 10，因此认为模型不存在多重共线性。

继续运用 White 检验与 Breusch - Pagan 检验对模型（5-3）进行异方差检验，得到的检验结果如表 5-29 所示。

表 5-29　模型（5-3）异方差检验

	White 检验	Breusch-Pagan/Cook-Weisberg test
原假设	homoskedasticity	constant variance
备择假设	unrestricted heteroskedasticity	non-constant variance
检验统计量	$\chi^2(49) = 50.00$	$\chi^2(9) = 6.08$
P 值	$Prob > chi2 = 0.433\ 4$	$Prob > chi2 = 0.732\ 2$

White 检验与 Breusch - Pagan 检验的检验结果均表明不拒绝同方差的原假设，故认为模型不存在异方差，可进行普通最小二乘回归估计。由此假设 H_3 可以得到验证。

对模型（5-4）的检验已在前文完成（参见表5-13至表5-16），此处不再赘述。通过样本 A 对模型（5-4）的验证，表明营商环境作用下台资企业核心特质对企业竞争力存在正向的积极作用，且具有门槛效应，即营商环境会作用于台资企业核心特质，大湾区的台资企业对营商环境的敏感性可能更高，且在大湾区中更有利于台资企业发挥其核心特质。

为验证模型（5-5）和假设 H_5 成立，选用样本 A 的数据进行分析，对模型（5-5）的基本评价如表5-30所示。

表5-30　模型（5-5）的基本评价

数据源	SS	df	MS	Number of obs	$=$	50
模型	1.087 2	9	0.120 8	F (9, 40)	$=$	35.7
残差	0.143 8	40	0.003 6	$Prob > F$	$=$	0.000 0
总体	1.342 2	49	0.027 4	Adj R - squared	$=$	0.895 4

由表5-30的结果可知，模型整体 F 检验的 P 值为0.000 0，故模型在1%的显著性水平上显著。其调整后的可决系数为0.895 4，模型拟合效果较好，回归结果如表5-31所示。

表5-31　模型（5-5）的回归结果

变量	系数	标准差	t 值	$P > t$
Mul	0.756 0	0.125 3	6.033 5	0.00***
$Labor$	0.214 3	0.052 3	4.097 5	0.00***
$Size$	0.366 0	0.126 7	2.888 7	0.00***
Mgt	-0.025 3	0.032 1	-0.788 2	0.23

（续上表）

变量	系数	标准差	t 值	$P > t$
Exp	0.073 4	0.052 6	1.395 4	0.75
Top	−0.237 2	0.133 1	−1.782 1	0.003***
$Share$	0.012 8	0.043 4	1.081 4	0.002***
Msh	0.126 7	0.087 4	1.449 7	0.08*
Twm	0.134 4	0.086 6	1.552 0	0.08*
_cons	0.036 2	0.089 2	0.405 8	0.55

注：＊＊＊表示显著性水平在 0.01（双尾）相关性显著；＊表示显著性水平在 0.05（双尾）相关性显著。

表 5−31 的回归分析结果表明，在样本 A 中，多元化经营非标准化系数均为正值，且 Sig 的数值小于 0.05，即在 5% 的显著性水平上显著。这满足了模型显著性验证的要求，可以得出多元化经营与企业竞争力成显著的正相关关系这一结论。且各项控制变量的 Sig 值仅少部分大于 0.1 的显著性水平，模型基本满足预期值的要求。由表 5−30 可知模型的 R^2 为 0.895 4，这说明模型的拟合度较高，结论合理。

综上，模型（5−5）的基本评价和回归结果均能证明 H_5 假设成立，多元化经营对企业竞争力有显著的促进作用。

进一步对模型进行多重共线性检验，得到检验结果如表 5−32所示。

表5-32 模型 (5-5) 多重共线性检验

变量	VIF	1/VIF
Mul	8.71	0.114 8
Twm	5.69	0.175 7
Top	4.73	0.211 4
Msh	1.59	0.628 9
Mgt	1.31	0.763 4
Share	1.29	0.775 2
Labor	1.27	0.787 4
Exp	1.09	0.917 4
Size	1.04	0.961 5
Mean VIF	2.99	

所有变量 VIF 值均低于 10，故认为模型不存在多重共线性。

继续运用 White 检验与 Breusch - Pagan 检验这两种检验对模型 (5-5) 进行异方差检验，得到检验结果如表 5-33 所示。

表5-33 模型 (5-5) 异方差检验

	White 检验	Breusch-Pagan/Cook-Weisberg test
原假设	homoskedasticity	constant variance
备择假设	unrestricted heteroskedasticity	non-constant variance
检验统计量	$\chi^2(49) = 49.33$	$\chi^2(9) = 11.39$
P 值	$Prob > chi2 = 0.500\ 0$	$Prob > chi2 = 0.250\ 0$

表 5-33 的检验结果表明，不拒绝同方差的原假设，故认为模型不存在异方差，模型设定合理，可进行普通最小二乘回归估计。

5.3.4 拟合度分析

根据之前所处理的数据及构建的模型进行实证及分析。在对数据进行描述性统计后，进行相关性分析与拟合评价。

关于模型拟合评价。根据上述结构方程理论，对构建的模型进行拟合优度检验。考虑到样本数量容易受影响，本书采用其他指标如 CFI、NFI 等来判定其匹配度。

（1）NFI 为标准拟合指数（normal fit index），是指相对于拟合模型的卡方值而言，拟合模型的卡方值减少了的部分占自身的比例。其公式为：

$$NFI = (\chi_N^2 - \chi_T^2)/\chi_N^2$$

其中，χ_N^2 和 χ_T^2 分别代表拟合模型与理论模型得到的卡方值。其值在 0 和 1 之间，数值越大，表明模型匹配度越好，一般来讲 $NFI > 0.9$ 时，则表明模型相对较好。

（2）CFI 为比较拟合指数（comparative fit index），其公式为：

$$CFI = 1 - \frac{\max\left[(\chi_T^2 - df_T), 0\right]}{\max\left[(\chi_T^2 - df_T), (\chi_N^2 - df_N), 0\right]}$$

其中，数值 χ_N^2 和 χ_T^2 分别代表拟合模型与理论模型得到的卡方值。df_N 和 df_T 分别代表拟合模型与理论模型的自由度。一般认为 CFI 数值越大（越接近 1），模型拟合效果相对越好。

对模型（5-1）进行拟合度分析，详见表 5-34。

表 5 - 34　模型（5 - 1）拟合度指标验证表

指标	χ^2	df	χ^2/df	RMSEA	CFI	NFI	GFI
验证	2 483.82	762	3.26	0.062	0.92	0.96	0.91

表 5 - 34 的结果显示，比较拟合指数为 0.92，标准拟合指数为 0.96，拟合优度指数为 0.91，均大于 0.9，而近似误差平方根为 0.062，小于 0.1。这表明模型（5 - 1）的拟合度情况较好，所构建的模型具有科学性，可作为评价营商环境影响台资企业竞争力的模型依据。

对模型（5 - 2）进行拟合度分析，详见表 5 - 35。

表 5 - 35　模型（5 - 2）拟合度指标验证表

指标	χ^2	df	χ^2/df	RMSEA	CFI	NFI	GFI
验证	3 281.98	734	4.47	0.072	0.95	0.97	0.94

表 5 - 35 的结果显示，比较拟合指数为 0.95，标准拟合指数为 0.97，拟合优度指数为 0.94，均大于 0.9，而近似误差平方根为 0.072，小于 0.1。这表明模型（5 - 2）的拟合度情况较好，所构建的模型具有科学性，可作为评价企业家精神影响台资企业竞争力的模型依据。

对模型（5 - 3）进行拟合度分析，详见表 5 - 36。

表 5 - 36　模型（5 - 3）拟合度指标验证表

指标	χ^2	df	χ^2/df	RMSEA	CFI	NFI	GFI
验证	3 784.23	786	4.81	0.052	0.97	0.97	0.97

表 5 - 36 的结果表明，比较拟合指数为 0. 97，标准拟合指数为 0. 97，拟合优度指数为 0. 97，均大于 0. 9，近似误差平方根为 0. 052，远小于 0. 1。这表明模型（5 - 3）的拟合度情况较好，所构建的模型具有科学性，可作为评价科技创新影响台资企业竞争力的模型依据。

对模型（5 - 4）进行拟合度分析，详见表 5 - 37。

表 5 - 37　模型（5 - 4）拟合度指标验证表

指标	χ^2	df	χ^2/df	RMSEA	CFI	NFI	GFI
验证	3 198. 14	689	4. 64	0. 071	0. 95	0. 91	0. 93

表 5 - 37 的结果表明，比较拟合指数为 0. 95，标准拟合指数为 0. 91，拟合优度指数为 0. 93，均大于 0. 9，而近似误差平方根为 0. 071，远小于 0. 1。这表明模型（5 - 4）的拟合度情况较好，所构建的模型具有科学性，可作为评价营商环境作用下台资企业核心特质影响企业竞争力门槛效应的模型依据。

对模型（5 - 5）进行拟合度分析，详见表 5 - 38。

表 5 - 38　模型（5 - 5）拟合度指标验证表

指标	χ^2	df	χ^2/df	RMSEA	CFI	NFI	GFI
验证	3 198. 78	699	4. 58	0. 088	0. 91	0. 92	0. 91

表 5 - 38 的结果表明，比较拟合指数为 0. 91，标准拟合指数为 0. 92，拟合优度指数为 0. 91，均大于 0. 9，而近似误差平方根

为 0.088，远小于 0.1。这表明模型（5 - 5）的拟合度情况较好，所构建的模型具有科学性，可作为评价多元化经营影响台资企业竞争力的模型依据。

5.3.5　多重中介效应分析

经前文研究发现，台资企业的核心特质更多地倾向于台资企业的核心人才方面。台资企业极为重视人才，舍得在人才方面进行培养与投资。台资企业因受所处的环境及资源的限制，所以更加重视人才。同时，由于台资企业中有许多台籍员工服过兵役，这使得台籍员工对企业具有更高的忠诚度和执行力。以上原因使得台资企业倾向于雇佣台籍员工并且对这些员工进行大量培训，进而这些台籍员工中有许多人成为核心员工。他们也将自己的智慧与精力贡献给企业，并在企业中形成了高忠诚度的企业文化。在调研中发现，不少台资企业对于员工的培训投入大、要求较高，这在一定程度上有利于企业家精神和企业文化的传承。

1. 多重中介效应模型

中介效应的概念广泛应用于管理学的研究，用以衡量独立变量（X）通过中介效应变量（M）间接作用于非独立变量（Y）的程度。随着该方法日益成熟，这一概念也被逐渐引入更广泛的领域中。当中介变量不止一个时，则需引入多重中介效应模型进行检验。

当不存在中介效应时，台资企业核心特质直接影响企业竞争力，其作用路径如图 5 – 3 所示。

图 5 – 3 无中介效应时台资企业核心特质影响竞争力的作用路径图

当存在中介效应时，台资企业核心特质则通过基础条件、社会环境、企业运营、产业结构、机遇保障以及营商环境这六个中介渠道间接影响企业竞争力，其作用路径如图 5 – 4 所示。

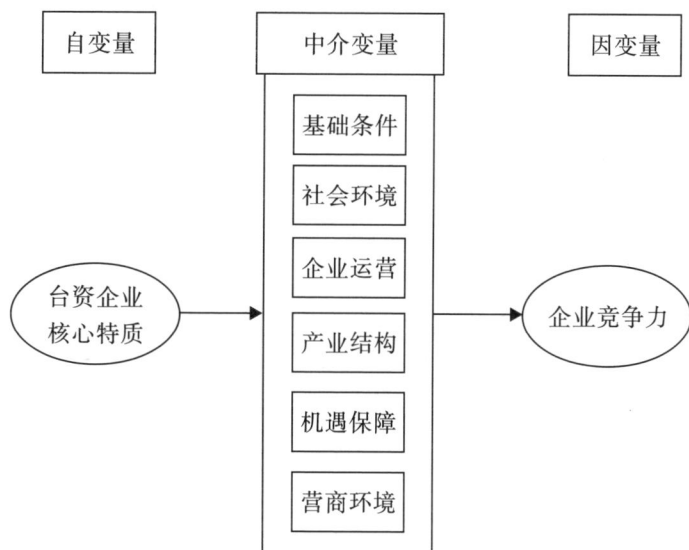

图 5 – 4 中介效应下台资企业核心特质影响竞争力的作用路径图

为进一步考察基础条件、社会环境、企业运营、产业结构、机遇保障以及营商环境在台资企业核心特质影响企业竞争力过程中所发挥的作用，本书运用多重中介效应模型进行实证研究，基于 Preacher 和 Hayes（2008）的研究[①]，构建中介效应模型，如下：

$$x_1 = a_{10} + a_{11} \cdot Char + e_{11} \qquad (5-7)$$

$$x_2 = a_{20} + a_{21} \cdot Char + e_{12} \qquad (5-8)$$

$$x_3 = a_{30} + a_{31} \cdot Char + e_{13} \qquad (5-9)$$

$$x_4 = a_{40} + a_{41} \cdot Char + e_{14} \qquad (5-10)$$

$$x_5 = a_{50} + a_{51} \cdot Char + e_{15} \qquad (5-11)$$

$$x_6 = a_{60} + a_{61} \cdot Char + e_{16} \qquad (5-12)$$

$$Comp = c_0' + c_1' \cdot x_6 + b_1 \cdot x_1 + b_2 \cdot x_2 + b_3 \cdot x_3 + b_4 \cdot x_4 +$$
$$b_5 \cdot x_5 + b_6 \cdot x_6 + e_2 \qquad (5-13)$$

上式中，系数 a_{i0} 为核心解释变量台资企业核心特质影响企业竞争力的直接效应，系数 a_{i1} 与系数 b_i（$i=1,2,3,\cdots,6$）的乘积为第 i 个中介变量在台资企业核心特质影响企业竞争力中所发挥的间接效应，系数 e_{1i} 为随机扰动项。

2. 指标说明与描述性统计

指标体系及相关变量的描述性统计如表 5-39 所示。

---

① Preacher K J, Hayes A F. Asymptotic and resampling strategies for assessing and comparing indirect effects in multiple mediator models [J]. Behavior Research Methods, 2018, 40: 879-891.

表 5 - 39 描述性统计

变量类型	变量名称	符号表示	样本容量	均值	标准差	最小值	最大值
被解释变量	竞争力	$Comp$	50	0.672 7	0.158 2	0.264 1	0.894 0
核心解释变量	台资企业核心特质	$Char$	50	0.165 1	0.173 7	0.011 0	0.710 0
中介变量	基础条件	x_1	50	0.586 5	0.126 5	0.329 2	0.890 8
	社会环境	x_2	50	0.536 8	0.141 6	0.093 9	0.782 8
	企业运营	x_3	50	0.668 6	0.201 9	0.159 7	0.986 3
	产业结构	x_4	50	0.583 5	0.148 1	0.264 8	0.859 2
	机遇保障	x_5	50	0.601 2	0.177 6	0.193 8	0.908 0
	营商环境	x_6	50	0.640 7	0.190 8	0.157 1	0.900 7

5.3.6 中介效应实证结果及分析

考虑到联立方程之间的斜率异质性与截面相依性，运用似不相关回归（seemingly unrelated regression，SUR）估计方法对联立方程组进行估计。运用 Stata 14.0 软件，需要对相关模型是否符合联立要求进行检验，基于似不相关回归估计对模型（5 - 7）至模型（5 - 13）进行估计。首先对 7 个模型的估计结果进行整体性评价，再通过对上述 7 个模型的值进行判断，以此来分析模型是否合适。得到评价结果如表 5 - 40 所示。

表5-40　7个模型评价结果

模型	被解释变量	样本容量	待估计参数	标准误差	可决系数	χ^2	P值
(5-7)	x_1	50	1	0.102 3	0.33	24.860 0	0.000 0
(5-8)	x_2	50	1	0.124 6	0.21	13.240 0	0.000 3
(5-9)	x_3	50	1	0.097 1	0.76	161.790 0	0.000 0
(5-10)	x_4	50	1	0.136 7	0.13	7.480 0	0.006 2
(5-11)	x_5	50	1	0.097 0	0.70	114.210 0	0.000 0
(5-12)	x_6	50	1	0.096 2	0.74	142.710 0	0.000 0
(5-13)	Comp	50	7	0.015 9	0.99	4 782.730 0	0.000 0

表5-40的估计结果显示，模型（5-7）至模型（5-13）的 P 值均低于0.01，这表明就整体而言，上述7个模型均在99%的置信水平上显著。其中模型（5-9）、模型（5-11）、模型（5-12）以及模型（5-13）的可决系数大于或等于0.7，表明上述四个模型的回归平方和在总平方和中的占比大于或等于0.7，这些模型对其被解释变量的解释效果较好。模型（5-7）、模型（5-8）以及模型（5-10）的可决系数均低于0.35，表明上述3个模型对其被解释变量的解释效果较差。

上述7个模型的回归结果如表5-41所示。

表5-41　7个模型的回归结果

模型	(5-7)	(5-8)	(5-9)	(5-10)	(5-11)	(5-12)	(5-13)
变量	x_1	x_2	x_3	x_4	x_5	x_6	Comp
x_1							-0.014 8
							(0.026 6)

（续上表）

模型	(5-7)	(5-8)	(5-9)	(5-10)	(5-11)	(5-12)	(5-13)
x_2							0.009 1
							(0.020 9)
x_3							0.176 8***
							(0.028 5)
x_4							0.397 5***
							(0.019 3)
x_5							0.315 2***
							(0.026 9)
x_6							0.163 3***
							(0.032 2)
Char	0.338 1***	0.300 5***	0.818 7***	0.247 8***	0.686 9***	0.761 6***	0.034 2
	(0.067 8)	(0.082 6)	(0.064 4)	(0.090 6)	(0.064 3)	(0.063 8)	(0.025 7)
常数项	0.315 3***	0.295 7***	0.011 8	0.384 7***	0.050 1	0.029 8	0.004 8
	(0.056 3)	(0.068 6)	(0.053 4)	(0.075 2)	(0.053 4)	(0.052 9)	(0.014 4)
直接效应	0.034 2						
中介效应	-0.005 0	0.002 7	0.144 8***	0.098 5***	0.216 5***	0.124 4***	
	(0.009 0)	(0.006 3)	(0.026 0)	(0.036 3)	(0.027 4)	(0.026 7)	
总中介效应	0.581 9***						
	(0.060 1)						
中介效应/总效应	94.45%						

注：＊＊＊表示显著性在 0.01 水平上（双尾）显著，括号内为标准差。

模型（5-7）的回归结果表明，台资企业核心特质对基础条件具有显著的提升作用，具体表现为台资企业核心特质每上升一个单位，会带动基础条件上升 0.338 1 个单位，且该系数在 1% 的显著性水平上显著。Z 检验的结果表明，基础条件的中介效应为 −0.005 0，但并未通过显著性检验，表明基础条件在台资企业核心特质促进企业竞争力提升这一过程中所发挥的中介效应并不明显。

模型（5−8）的回归结果表明，台资企业核心特质对社会环境具有显著的提升作用，具体表现为台资企业核心特质每上升一个单位，会带动社会环境上升 0.300 5 个单位，且该系数在 1% 的显著性水平上显著。Z 检验的结果表明，社会环境的中介效应为 0.002 7，这一系数同样未通过显著性检验，表明社会环境在台资企业核心特质促进企业竞争力提升这一过程中所发挥的中介效应同样不明显。

模型（5−9）的回归结果表明，台资企业核心特质对企业运营具有显著的提升作用，具体表现为台资企业核心特质每上升一个单位，会带动企业运营上升 0.818 7 个单位，且该系数在 1% 的显著性水平上显著。Z 检验的结果表明，企业运营的中介效应为 0.144 8，且该系数通过显著性检验，表明企业运营在台资企业核心特质促进企业竞争力提升这一过程中发挥了显著的中介效应。

模型（5−10）的回归结果表明，台资企业核心特质对产业结构具有显著的提升作用，具体表现为台资企业核心特质每上升一个单位，会带动产业结构上升 0.247 8 个单位，且该系数在 1% 的显著性水平上显著。Z 检验的结果表明，产业结构的中介效应为 0.098 5，且该系数通过显著性检验，表明产业结构在台资企业核心特质促进企业竞争力提升这一过程中发挥了显著的中介效应。

模型（5-11）的回归结果表明，台资企业核心特质对机遇保障具有显著的提升作用，具体表现为台资企业核心特质每上升一个单位，会带动机遇保障上升0.686 9个单位，且该系数在1%的显著性水平上显著。Z检验的结果表明，机遇保障的中介效应为0.216 5，且该系数通过显著性检验，表明机遇保障在台资企业核心特质促进企业竞争力提升这一过程中发挥了显著的中介效应。

模型（5-12）的回归结果表明，台资企业核心特质对营商环境具有显著的提升作用，具体表现为台资企业核心特质每上升一个单位，会带动营商环境上升0.761 6个单位，且该系数在1%的显著性水平上显著。Z检验的结果表明，营商环境的中介效应为0.124 4，且该系数通过显著性检验，表明营商环境在台资企业核心特质促进企业竞争力提升这一过程中发挥了显著的中介效应。

模型（5-13）的回归结果表明，基础条件与企业竞争力成负相关关系，但该系数在统计意义上并不显著。其余6个因素对企业竞争力的提升均具有促进作用。

总体而言，台资企业核心特质促进企业竞争力的直接效应为0.034 2，在统计意义上并不显著，这表明台资企业核心特质这一因素在直接提高企业竞争力方面所发挥的作用有限，需借助其他中介渠道来更好地发挥作用，从而达到提升企业竞争力的目的。6条中介渠道的总中介效应为0.581 9且在1%的显著性水平上显著。中介效应在总效应中占比达到94.45%，表明中介效应渠道在台资企业核心特质促进企业竞争力提升的过程中发挥着不可或缺的作用。

进一步对各方程进行扰动项之间的无同期相关检验，检验结果如表 5-42 所示。

表 5-42　7 个模型无同期相关检验结果

	x_1	x_2	x_3	x_4	x_5	x_6	*Comp*
x_1	1.000 0						
x_2	0.367 3	1.000 0					
x_3	0.465 3	0.284 8	1.000 0				
x_4	0.122 8	0.341 0	0.234 4	1.000 0			
x_5	0.224 3	0.100 9	0.373 0	0.085 0	1.000 0		
x_6	0.403 7	0.397 0	0.447 8	0.459 5	0.433 2	1.000 0	
Comp	0.000 0	0.000 0	0.000 0	0.000 0	0.000 0	0.000 0	1.000 0
Breusch-Pagan 检验	$chi2$ (21) = 87.277 0				$Pr = 0.000 0$		

Breusch-Pagan 检验的结果表明在 1% 的显著性水平上不接受各扰动项互相独立的原假设，这说明模型（5-7）至模型（5-13）的扰动项之间存在同期相关性，故似不相关回归（SUR）比普通最小二乘回归（OLS）更具有效率。

由于中介效应的计算过程涉及系数之间的卷积，故不符合正态分布，因此直接用 z 统计量去衡量其显著性存在一定的偏差。为修正上述偏差，本书用 Bootstrap 自抽样法抽样 500 次，运用分位点确定 z 值的显著性。Bootstrap 自抽样结果如表 5-43 所示。

表 5 - 43　Bootstrap 自抽样结果

模型	系数	Bootstrap 标准差	z	P > z	95% 置信区间	
(5 - 7)	- 0. 005 0	0. 008 6	- 0. 580 0	0. 560 0	- 0. 0219 234	0. 011 882 3
(5 - 8)	0. 002 7	0. 006 6	0. 410 0	0. 681 0	- 0. 010 280 7	0. 015 736 1
(5 - 9)	0. 144 8	0. 031 5	4. 600 0	0. 000 0	0. 083 101	0. 206 439 7
(5 - 10)	0. 098 5	0. 037 2	2. 640 0	0. 008 0	0. 025 498 5	0. 171 458 3
(5 - 11)	0. 216 5	0. 033 8	6. 400 0	0. 000 0	0. 150 199 4	0. 282 835 9
(5 - 12)	0. 124 4	0. 030 7	4. 050 0	0. 000 0	0. 064 157 9	0. 184 625 4
(5 - 13)	0. 581 9	0. 068 5	8. 500 0	0. 000 0	0. 447 650 4	0. 716 079 8

Bootstrap 自抽样法的统计结果与传统的 z 值检验呈现一致性，表明检验结果具有稳健性。其检验结果表明，基础条件与社会环境的中介效应 P 值在 5% 的显著性水平上不显著，故台资企业核心特质不能通过基础条件与社会环境这两条渠道对企业竞争力产生影响。而剩下的 4 条中介效应渠道以及总中介效应均在 1% 的显著性水平上显著。

不同统计方式下各中介效应的 95% 置信区间如表 5 - 44 所示。

表 5 - 44　置信区间结果

模型	中介效应	偏差	Bootstrap 标准差	95% 置信区间		类型
(5 - 7)	- 0. 005 0	0. 000 3	0. 008 6	- 0. 025 6	0. 011 3	(P)
				- 0. 027 0	0. 009 9	(BC)
				- 0. 026 6	0. 010 7	(BCa)

（续上表）

模型	中介效应	偏差	Bootstrap 标准差	95%置信区间		类型
(5-8)	0.002 7	-0.000 8	0.006 6	-0.011 4	0.014 3	(P)
				-0.011 2	0.015 7	(BC)
				-0.010 6	0.015 7	(BCa)
(5-9)	0.144 8	0.000 4	0.031 5	0.080 5	0.208 3	(P)
				0.080 4	0.206 4	(BC)
				0.084 9	0.209 6	(BCa)
(5-10)	0.098 5	-0.003 6	0.037 2	0.009 4	0.159 6	(P)
				0.009 4	0.159 6	(BC)
				0.011 1	0.160 4	(BCa)
(5-11)	0.216 5	-0.001 7	0.033 8	0.148 7	0.279 7	(P)
				0.151 9	0.281 5	(BC)
				0.152 4	0.284 2	(BCa)
(5-12)	0.124 4	0.001 3	0.030 7	0.071 1	0.186 8	(P)
				0.071 1	0.185 9	(BC)
				0.068 1	0.184 3	(BCa)
(5-13)	0.581 9	-0.004 0	0.068 5	0.424 0	0.697 3	(P)
				0.426 8	0.697 9	(BC)
				0.428 7	0.701 8	(BCa)

注：P 为百分位置信区间；BC 为偏差修正置信区间；BCa 为偏差校正和加速置信区间。

5.3.7 实证结果分析及讨论

根据以上相关性分析与回归分析的结果，做进一步分析与讨论，可得出如下结论：

第一，营商环境与企业竞争力之间存在正相关关系，说明良好的营商环境有助于促进企业提升其竞争力。营商环境是企业发展的基础。企业选择某一区域开展业务时，区域内行政效率、经济效率及资本流动情况均会对企业发展产生一定影响。当企业处于合理的营商环境中时，企业能充分发挥其经营优势，从而促进其提升竞争力。但当营商环境无法给企业相应的支持时，企业的经营优势将受到一定限制，不仅不利于企业提升其竞争力，还不利于企业的生存。

在营商环境方面，粤港澳大湾区经过数十年的打磨与发展，已经形成了一个公平、公正、有效率、有保障的社会经济环境，并且诸多配套措施日趋完善。而且在上升为国家战略后，大湾区内外部联系更加紧密，制度举措更加完备，市场空间更大，为企业的发展提供更多便利，包括台资企业在内的众多企业应该把握这千载难逢的发展机遇。

第二，企业家精神对企业竞争力存在正向影响，即企业家精神具有促进提升企业竞争力的作用。企业家精神是影响企业竞争力的重要因素。企业家积极探索、勇于开拓的精神，在企业初创与发展阶段均能对企业发展起到相应的促进作用。同时，企业家精神在企业遭遇困境或发展至瓶颈阶段时，也有助于促进企业积极变革以度过发展困难阶段。但当企业家精神缺失时，企业发展也将进入困难阶段。当下，对不少台资企业而言，企业家精神颇具意义。因为极具台商创业精神的第一代台资企业经营者为企业打下了很好的基础，构建了稳定的供应链与客户群体，甚至有的企业已经成为上市公司，制度建设已很完备，可以由"创二代"或职业经理人根据各项规章制度，按部就班地进行经营活动。然而，笔者调研发现，在"创一代"隐退之后，许多台资企业经营者的企业家精神并不显著，甚至有些"创二代"或"富二代"不思进取，不务正业，日渐消沉。这也是在台资企业竞争力评价中两极分化严重的原因之一。因此，本书认为台资企业经营者依然很有必要继续保持企业家精神，台资企业应该继承企业文化基因，突显企业特色，保持自身管理制度优势，把企业文化作为传导，倡导严厉的工作作风，敢于参与市场竞争，不退缩，敢拼搏，做出好产品，办出好企业。

第三，科技创新对企业竞争力有促进作用。事实上，这也是上述企业家精神所作用的重要方面。科技创新对台资企业而言一直以来都是需要秉承的传统，注重核心技术、保持并加大研发投入以推动创新发展是台资企业的必经之路。

笔者调研发现，由于不少台资企业基础较好，故主要将精力放在营销方面，而对科技的重视与投入不足。另外，目前台资企业对台籍研发人员的引入与保护是充分到位的，尤其是许多台籍研发人员早年都留学英美，带来了先进的技术。但近些年来，大陆科技人才涌现，新技术成果不断得到应用，尤其是以ICT产业为代表的数字化领域已经达到世界一流水平。如果还继续保持原有的高福利政策及对台籍研发人员的保护措施，不打破"同工不同酬"的症结，以制造业为主的台资企业将难有发展的后劲。因此，台资企业一方面不忽视营销，但更需要重视研发，加大对其的投入力度，实现创新发展；另一方面，需要在制度上完善科技创新的保障激励机制，引入多元化的研发团队，充分调动员工的积极性，物尽其用，人尽其才，为提升企业竞争力提供强有力的支撑。

第四，台资企业的核心特质在营商环境的作用下对企业竞争力存在门槛效应。也就是说，在不同地区，台资企业核心特质作用的发挥程度有所不同。因为营商环境与企业管理制度因素、核心人才资源、企业技术因素与企业社会关系存在着整体联动关系。台资企业核心特质的各因素可以借助良好的营商环境得到综合提升，进而提升企业整体的竞争力。

台资企业核心特质是台资企业的重要内涵。笔者调研发现，不少员工在提及"台资企业"时，都会有几分敬畏之心。因为台资企业普遍采取"半军事化"方式来进行精细化管理，要求员工工作态度端正，做事情一丝不苟，执行力强；对产品品质要求极高，对成本控制苛刻，对市场有很强的开拓精神，同时也会以儒家思想对员工进行一定的关怀。但这些措施的采取及其作用的发挥都会受到企业所在地的各种客观条件限制，比如人口素质、金融服务、物流支持等方面。因此，要想让台资企业核心特质能充分发挥，必须选择合适的营商环境。目前，大湾区的各方面条件日臻完善，那些准备离开大湾区的台资企业应该及时转换思路，将挑战看成机遇。况且，很多台资企业已经在大湾区深耕多年，台资企业核心特质并未减弱，应保持并提升企业竞争力，而且台资企业可发挥善于处理社会关系的特长，积极通过台商协会等平台，加强互动，相携相伴，利用好大湾区的各种资源，共同推动自身向前发展。

第五，多元化经营具有促进企业竞争力提升的作用。多元化经营与单项化经营的核心区别在于，多元化经营能为企业提供更多的保障。当多元化中的一"元"无法为企业发展提供支持时，企业能够依托其他"元"继续发展。多元化经营不仅有利于为企业提供多元支持，还有利于企业结合市场的变化做出多元选择。特别是当市场发生变化时，企业可根据市场的变化进行调整，及时应对，抵御风险。粤港澳大湾区聚集着众多企业，竞争激烈，市场机遇瞬息万变，台资企业更应该通过多元化经营的方式来获得市场目标，捕捉市场机遇，以避免遭遇较大的投资风险，保持并提升竞争力。

5.3.8 实证分析和 DEA 分解的联系

结合 DEA 分解结果，笔者对企业竞争力及其效率做进一步深入分析。本书第四章对不同样本下的台资与非台资企业效率测度进行了量化研究。整体而言，通过 DEA 模型，本书在大湾区台资、非大湾区台资、大湾区非台资三大类企业中得到了台资企业竞争力的总体情况，其中大湾区台资企业规模效率在三类企业中是比较低的。通过继续分解可知，大湾区台资企业内部也存在较大的差距。那么究竟是什么因素影响了台资企业的竞争力，只有找到这些因素，才能从粤港澳大湾区台资企业竞争力的根本出发进行研究，为此本书在第四章 DEA 分解部分继续对影响大湾区台资企业竞争力的因素进行了实证研究。

本书对之前测度出来的台资企业竞争力的数据进行了实证分

析，通过五个假设，借助实证模型进一步检验了不同要素对大湾区台资企业竞争力的影响程度，找出了制约竞争力的相应因素，这对切实提高大湾区台资企业竞争力有重要参考作用。本章主要对多种假设因素进行实证检验，其检验的结果还需要与前文内容进行比对，以此来确定企业竞争力效率的问题。

5.3.9　实证结果与 DEA 分解结果对比分析

结合第四章的企业效率测度结果与第五章的实证结果，本书对所选的样本企业进行进一步对比分析。

综合表 5－3、表 5－4 以及表 5－5 的描述性分析结果统计表可以发现，整体而言，大湾区台资企业的企业竞争力均值最高，为 0.673；大湾区非台资企业的企业竞争力均值次之，为 0.598；非大湾区台资企业的企业竞争力均值水平最低，为 0.540。从总体上看，大湾区企业的企业竞争力要优于非大湾区企业。

表 4－8 的分解结果表明，DEA 分解结果呈现与企业竞争力相类似的趋势。

从企业技术效率来看，大湾区台资企业的技术效率最高，为 0.865；大湾区非台资企业的技术效率略低，为 0.856；而非大湾区台资企业的技术效率则远低于前两者，为 0.808。同时从排名来看，在表 4－5 企业竞争力技术效率排名中，排名前十的企业均为大湾区企业，而非大湾区企业大部分集中于排名三十以后。因此，可认为大湾区企业的技术效率远高于非大湾区企业，企业创新活力较高。其中大湾区台资企业略占优势，企业的平均技术效率较大湾区非台资企业高出 0.009。

从企业纯技术效率来看，整体而言大湾区台资企业的纯技术效率占绝对性优势，为 0.932；大湾区非台资企业的纯技术效率比大湾区台资企业低 0.026，为 0.906；非大湾区台资企业的纯技术效率较大湾区非台资企业低 0.034，为 0.872。具体来看，由表4-6可知，研究样本中纯技术效率有效的企业共有 7 家，其中东莞台升家具有限公司、广州千如电子有限公司、万佳（珠海）磁性材料科技有限公司、珠海班尼戈节能科技有限公司、东莞市环华家居用品有限公司这 5 家企业为湾区台资企业；广东珠光集团有限公司为大湾区非台资企业；上海齐海电子商务服务股份有限公司为非大湾区台资企业。即样本 A、样本 B 以及样本 C 中分别有 10% 的企业达到了纯技术效率有效。这表明大湾区台资企业、大湾区非台资企业以及非大湾区台资企业均具备实现技术创新的外部环境及自身能力，但整体而言大湾区台资企业的实际运作效果较好，企业纯技术效率水平较高。

从企业规模效率来看，大湾区非台资企业的规模效率最高，为 0.957；大湾区台资企业次之，为 0.951；非大湾区台资企业的规模效率最低，为 0.925。表4-7表明在所有研究样本中实现了企业规模效率有效的企业共有 3 家。其中广州海鸥住工工业股份有限公司、东莞台升家具有限公司这两家企业为大湾区台资企业，占样本 A 的 4%；广东半球股份有限公司则为大湾区非台资企业，占样本 B 的 10%。非大湾区台资企业中尚无企业能够实现规模效率有效。

6 粤港澳大湾区台资企业竞争力构建与提升策略

自改革开放以来，中央政府和地方政府出台了大量的政策扶持台资企业，充分彰显大陆对台湾同胞诚意的关怀。正是在这样的关怀下，众多台资企业得以扎根大陆多年。特别是社会经济比较发达的粤港澳大湾区已成为台资企业重要的汇集地。基于调研与前文的论述，本章围绕粤港澳大湾区规划建设和台资企业自身发展等方面提出具体的行动策略，并希望以此作参考，能够帮助台资企业在大湾区中找准自己的位置，保持台商创业精神，发扬台资企业优秀传统，充分利用资源，敢于投入，善于经营，提升企业竞争力，发挥优势，改进短板，增加效益，更好地融入大湾区的建设，实现企业合理布局，把握历史发展的机遇。

6.1 借助大湾区建设优化营商环境

根据调研与实证分析，本书已明确指出营商环境对企业竞争力具有正面作用。对于处于大湾区的台资企业而言，更应该抓住区域发展机遇，借助大湾区建设获得政策红利。特别是粤港澳大湾区现在已经上升至国家战略，还需进一步实现合理规划，有序建设，稳步发展。尤其是粤港澳三个地区产业相互联动，将珠三角制造业与港澳服务业进行多层次互动合作，已经惠及众多港澳台及外资企业。然而为了支持企业发展，在营商环境方面，可以从以下几个方面进一步努力：

第一，建立起高效的沟通机制，让整个大湾区企业共同发展。不少大型企业在大湾区内实现了多点布局，比如总部设在香港、深圳或广州，而工厂却在东莞、肇庆、惠州、中山等地，进出口业务则在珠海、澳门进行。为了让企业及时处理好相关业务，大湾区各地政府及各职能部门与企业方应该建立起沟通协调机制，促进大湾区内企业正当竞争与合作，并提供平台以加强产业链上下游之间的联系，促进企业发展。

第二，建立完善的知识产权保护市场。大湾区已经努力构建出公平、公正、法治的市场环境。各级政府需要做好设计规划，特别是针对大湾区发展过程中出现的新问题，提前做好详细的预案，为广大投资者和企业家提供良好的政策保障。尤其是目前数字经济越来越发达，知识产权保护越来越迫切。台资企业之所以能够在激烈的市场竞争中生存发展，是因为在一定程度上具备了研发能力并掌握了核心技术。若在社会制度层面，知识产权得不到保护，包括台资企业在内的众多企业将会失去竞争力。目前粤港澳大湾区在基础设施方面已经处于世界一流水平，但知识产权保护及其市场交易机制仍是短板，与世界发达经济体相比较，差距仍然不小，对企业发展的支持保护作用有限，因而亟待加强。

第三，实现大湾区内双循环互动。大湾区内，不少港澳台及外资企业的外向性较为明显，比较注重国际市场，然而当前国际政治经济局势呈现紧张趋势，国际贸易保护主义盛行，加之新冠肺炎疫情肆虐，有的台资企业遇到了发展瓶颈。在这方面，粤港澳大湾区应该进一步开放，采取灵活措施，优化港澳台渠道，进一步对接国际市场，为外向型企业提供更多支持，打通"外循环"。同时，积极拓展内部市场，促进大湾区企业与内地市场互动，打通"内循环"，进而使企业实现"内循环＋外循环"的双循环发展之路。

6.2 台商协会传承企业家精神

围绕台资企业的企业家精神传承我们进行了大量调研，在调研中发现，台商们普遍认为需要有一定的企业家精神传承平台。尽管台资企业的活动组织不少，有台联、台盟等政府类组织，也有行业组织，还有各家宗亲及来源地组织等，但是其中作用最显著的当属台商协会。这是由台商自发组织的自治组织，有一定的制度和体系，目前在大湾区内各个地市区都有相应的台商协会，其中比较有影响力的是深圳台商协会、东莞台商协会、广州台商协会等。台商协会的宗旨是团结和联络在当地投资的台资企业及其台籍技术、管理人员，加强彼此联系，增进彼此交流。正是由于汇聚了众多台商，台商协会成为重要的交流与活动平台，借助台商协会这样的平台，能够较好地进行台资企业家精神的传承。因此在当前大湾区发展的历史机遇之中，台商协会更应该有所担当，鼓励相关的企业积极发展，不断吸纳会员，增强会员间的互动，加强企业间的相互交流，并让会员单位形成切实的企业家精神传承机制，共谋发展。

特别是为了应对目前各家台资企业普遍面临的交接班问题，即台商第一代人逐渐退出了企业管理层，接班的第二代人面临企业家精神传承的问题，台商协会可以号召会员一起努力，设立企

业家精神传承组织，帮助企业顺利渡过交接班难关。事实上，台
资企业的企业家精神传承是制约台资企业扩大发展、提升竞争力
的重要瓶颈，大湾区台资企业交接班过程中存在效率不高的问
题，企业家精神传承不到位是最主要的因素之一。在企业家精神
传承方面，台商协会可以设置相关企业会员申请办法和管理办
法，帮助企业渡过企业家精神传承的难关。企业顺利渡过企业家
精神传承难关后，再投入精力帮助其他企业进行企业家精神传
承，形成良性循环。通过台商协会的协助，可以激活会员之间交
流的积极性，更可以高效推动台资企业企业家精神的传承，引导
社会力量或政府加大对台资企业企业家精神传承问题的关注与帮
助，从而提高台资企业竞争力，促进台资企业在经济发展中继续
发挥作用。

6.3 增强台资企业科技创新能力

重视技术，强调科技创新能力与执行力是台资企业的重要特
征。早期的台资企业积极参与科技创新活动全过程，包括科技研
发、成果转化、产业化等各个阶段。为此，台资企业资源投入非
常大，几乎完全由企业自身解决。但是，台资企业以营利为目
的，其参与的科技创新活动更多地集中在产业化阶段。本书发现
制约台资企业科技创新能力的一个重要因素是当地的生产要素资
源缺乏。比如，台资企业之所以会在大湾区汇聚，是因为大湾区
内的生产要素资源丰富。生产要素是台资企业发展的基础，是台

资企业科技创新能力发挥的重要保障。因此，在"僧多粥少"的大湾区中，台资企业需要积极实行生产要素的优化配置，才能不断提升企业的科技创新能力。

第一，台资企业应该善于利用大湾区的生产要素资源作为科技创新的基础。粤港澳大湾区是国内经济较为发达、资源较为丰富的地区，人力、资本、原料都供给充分，但大湾区内部的资源分布并不平均，各地的资源与政策导向不一致。台资企业应该辨析信息，合理布局，实现生产要素资源的优化配置，进一步保障台资企业科技创新的基础。

第二，台资企业应该利用好腹地资源以提供科技创新的生产要素。新的经济形势下，不少务工人员不再前来大湾区务工，这就造成了大湾区内人力供给不足，尤其是普通工人招聘困难。2020年发生的新冠肺炎疫情更是阻挡了人们外出务工，使人力资源要素优势难以充分发挥。除了人力要素外，某些在大湾区的原料也存在供给不足的情况。因此，台资企业需凭借中国供应链的优势，进行全国采购，或是在腹地因地制宜，在当地设立分厂，充分利用当地生产要素，借助丰富的禀赋资源，以提升企业的科技能力。

第三，台资企业应该发挥自身国际化的优势，实现国际一流的创新能力。台资企业基本上都是外向型企业，其中不少台资企业还在香港或海外上市，拥有着丰富的海外资源，因此可以以数字化、智能化管理手段，借助数字贸易的先进方式，发挥比较优势，取长补短，对企业科技创新能力进行进一步扩展，以此实现台资企业整体科技创新能力的提升。

在粤港澳大湾区发展的历史机遇中，台资企业一方面需直面目前的很多问题，另一方面更需以积极的态度切实寻求各类问题的解决方法，只有不断积极创新，才能不被市场淘汰，并以此为契机，挖掘企业发展的科技创新潜力。

6.4　利用台资企业核心特质持续增强竞争力

粤港澳大湾区现在已经成为当今全球产业升级的重要地域。大湾区的企业必将成为全球技术革命升级的参与者，大湾区的市场竞争也将日趋激烈。根据实证结果可知，身处大湾区的台资企业若想在市场竞争中立于不败之地，需要拿出"看家本领"，继续保持台资企业核心特质，发挥特长，具体而言：

第一，持续优化中西文化兼顾的台资企业管理制度因素。大湾区在我国拥有实行"一国两制"的制度优势，大湾区台资企业拥有的制度条件可以较好地实行中西方先进的经营管理理念，一方面优化现代企业制度，实现精细化管理，追求品质，实现卓越；另一方面，在企业管理中，融入中国传统管理文化，既有家长式的威严，又有家庭般的温暖，以提升员工的归属感与忠诚度。

第二，优化核心人才资源，为研发团队注入新力量，完善薪酬激励与约束制度。大湾区产业升级对台资企业产生了巨大的外部压力，只有充分挖掘人才，激发企业的科技创新能力，才能够使企业竞争力获得提升。在保证台籍员工工作积极性的同时，台资企业可以通过提高福利待遇和加大技能培训的方式来不断提升员工的工作动力。这样可以使得台资企业继续保持企业核心技能人才的稳定性，并增强发展的后劲。高福利政策和广阔的成长提升空间可以使得台资企业在人力资源方面具备其他企业较难匹敌的优势。

第三，继续保持科技创新的优秀传统。台资企业正处于粤港澳大湾区产业升级转型的背景之下，只有掌握了最新的科技水平，才能够在大湾区立足；否则，科技落后的台资企业必然会被市场所淘汰。因此，台资企业此时只能调整策略，保持其科技创新的优秀传统，积极进行技术革新，重视研发，促使本企业能够凭借其所积累的先进技术经验，在产业升级过程之中获得一席之地。

第四，台资企业应当充分重视企业与社会关系因素。台资企业与其他大陆以外的投资企业相比，能够适应大陆的文化环境，应当以此为文化传统优势，积极维持好社会关系。尤其是，粤港澳大湾区作为国家级战略建设，各级政府都给予了充分的重视，成为众多资源的汇集之地。台资企业必须加强与各级政府的沟通，及时对接资源，把握商机。

大湾区台资企业应该认清自身情况，既不狂妄自大，也不妄自菲薄，而要把握大湾区中西文化交融的良好氛围，借助台资企业文化传承的条件优势，将企业文化基因纳入企业的实际行动中，扎实推进各项工作，提升台资企业的竞争力。

6.5 提升台资企业多元化经营能力

本书对台资企业的多元化经营进行了调研与实证分析，虽无法明确其具有普遍意义，但对于是否进行多元化经营存在一定的争议，有些台资企业依然采取一元方式，在自己擅长的领域精耕细作。但样本企业的情况显示进行多元化经营有助于提升企业竞争力。大湾区中已经有不少台资企业实行多元化经营措施，比如某些供应企业开始衍生出供应链金融服务产品，某高端汽车服务商开始营销合资或国产品牌汽车等。

不可否认，多元化经营能为企业提供更多的保障。当多元化中的一"元"无法为企业发展提供支持时，企业能够依托其他"元"继续发展。多元化经营不仅有利于为企业提供多元支持，还有利于企业结合市场的变化做出多元选择。台资企业的产品普遍具有基础性、外溢性以及高投入的特征，企业资金投入较大，产品相对单一。当市场发生变化时，企业难以根据市场的变化及时进行调整。因此，仅有一元经营时，企业难以对市场变化或某些突发状况做出及时应对，抵御风险。粤港澳大湾区聚集着众多企业，竞争激烈，市场机遇瞬息万变。对市场敏感的台资企业可以根据自身企业的特点合理布局，采取合适多元化经营策略，如横向、纵向或整体多元化，捕捉市场信息，以避免遭遇较大的经济风险；可以考虑采取合作方式，与优势资源进行对接，发挥各自所长，开拓新领域，开发新产品，再造新的增长点。

6.6 台资企业与其他企业合作共赢

在大湾区台资企业竞争力提升的过程中，台资企业必须与其他企业合作才能实现双方或多方共赢。大湾区的建设并非某一家企业独大，而是需要通过多方企业共同合作，以此来提升整个产业链和相关的配套。一方面，粤港澳大湾区的建设需要多方企业共同参与，在这个过程中，参与的企业既有同类型的企业，也有不同类型的企业。由于大湾区创造了良好的营商环境，同类型的企业可以取长补短，彼此借鉴，通过相互的扶持帮助，促进企业整体的迅速发展。另一方面，企业间的竞争与合作关系也使大湾区企业形成一种良好的营商环境风气。因此，广东省政府出台了《广东省进一步推动竞争政策在粤港澳大湾区先行落地的实施方案》，该方案明确倡导企业在大湾区市场中要竞争优先、和而不同与持续发展。通过该文件可以看到政府更多的是强调要完善市场要素的主体配置，努力地构建公平法治的市场秩序，以此不断通过完善企业间关系来达到更好的合作竞争关系。同时，大湾区也在不断通过行业协会间的一些活动来增强相关企业间的关系。台资企业在提升自身竞争力的同时，也需要加强企业间的合作，而企业间的合作能进一步提升企业的整体创新能力。一直以来，台资企业创新意识较强，但是受地域环境影响，其发展资源有限，台资企业必须要意识到在大湾区内要以合作为基础，才能更好地实现企业集群效应，并在合作中体现较强的业务技能，以获得市场的认可。此外，大湾区的台资企业也必须充分地借鉴大湾区内大陆企业的先进管理经验和管理理念，学习和借鉴大陆企业的多种优势，以此来提升企业的整体能力。

综上所述，只有将台资企业的发展与大湾区的建设相结合，充分挖掘潜力，秉承台商的创业精神，敢于到市场搏击，善用科技，台资企业才能在日益竞争激烈的市场环境中，保持并提升自身竞争力，进而实现脱胎换骨，甚至涅槃重生，焕然一新。

7 研究总结与展望

7.1 研究总结

对粤港澳大湾区台资企业而言，如何进一步保持并提升企业的竞争力，是一个极具理论和实践意义的课题。而目前基于大湾区台资企业的实际情况与发展需要而进行的企业竞争力研究尚有空间，这正是本书研究的着力之处。

在选题方面，本书率先提出对粤港澳大湾区台资企业竞争力进行实践调查和研究分析，对大湾区台资企业的整体发展有很强的借鉴、参考价值。在立意方面，本书不仅是在研究粤港澳大湾区台资企业竞争力的问题，更重要的是，站在海峡两岸暨香港、澳门的角度和高度，量化分析台资企业的发展状况，以提升企业的竞争力，推动资源优化配置，促进粤港澳大湾区建设。在研究方法方面，深入走访调查粤港澳大湾区台资企业，通过访谈与调查问卷的形式掌握诸多素材，采用扎根理论提炼指标，应用假设检验方法对企业竞争力进行分析。关于企业竞争力，首先采用模糊物元法降维分析，再对其应用进行数据包络分析（DEA），最后构建出完整的企业竞争力分析指标体系。在研究范式方面，对企业竞争力的分析融合了经济学的思想与管理学的分析方法，研究了企业竞争力的形成机理，促进了跨学科的交叉与融合。

根据扎根理论，笔者提出了企业竞争力研究的框架，并进行了资料的收集，通过程序化扎根理论的方法获得了资料与数据，以扎根理论的研究方法——开放编码、主轴编码和选择编码，提炼出台资企业的综合性指标，并构建指标体系，分别形成了81个三级指标、21个二级指标、7个一级指标，对台资企业竞争力的7个一级指标进行详细分析，还就数据的信度与效度进行了检验。之后，基于模糊物元法对粤港澳大湾区竞争力进行了评价分析，获取了相应的结果，并使用DEA对各个样本的竞争力进行了评价。在获得了企业竞争力评价的数据后，对台资企业竞争力进行实证分析。根据调研掌握的情况，就营商环境、企业家精神、科技创新、台资企业核心特质、多元化经营等方面的实际问题提出了研究假设，然后根据研究假设进行模型设计，包括样本的选取、数据来源的说明、变量设定以及基本模型的构建等，并讨论本研究的内生性问题，对其进行稳健性检验，还就研究结果进行了分析与讨论。

为了使研究更具实际的指导作用，笔者对粤港澳大湾区台资企业竞争力构建与提升问题提出了具体的行动策略，其中包括大湾区发展、台资企业特质、生产要素、发展潜力、市场能力等方面。通过提出策略建议，促进台资企业在粤港澳大湾区中找准自己的位置，使台资企业更好地融入大湾区的建设，更善于利用资源，提升自身的竞争力，实现布局合理，保持优势，改进短板，增加效益。

在大湾区，有些台资企业已经出现了经营不善、倒闭、撤走或搬迁的现象。对大湾区而言，如何通过整体性的政策促进台资企业的发展与融入，是一个需要考量的议题。本书发现，良好的营商环境对企业的竞争力有显著的促进作用，可以通过改善营商环境来促进企业竞争力的提升。尤其是正在考虑离开大湾区的台资企业，应该及时转换思路，把挑战看作契机，重拾台商的创业精神，积极融入大湾区。

粤港澳大湾区正着力打造良好的营商环境，这对台资企业来说更是一个机会。台资企业应该抓住并扩大自身特质优势，做大做强，克服困难，保持良好的发展势头。本书还发现，台资企业应该继续保持自身的文化底色，突显自己的特色，保持自身管理制度的优势，把企业文化作为传导，倡导严谨的工作作风，敢于参与市场竞争，不退缩，敢拼搏，做好产品，办出好企业。

尽管对不少深耕大湾区的台资企业来说，他们已经进入了平稳的发展期，引入了职业经理人制度，或是"创一代"已经基本上退居幕后，"创二代"执掌企业，管理结构发生了一定的变化，但经营者不能丧失企业家精神，因为企业家精神和企业竞争力有显著的正向关系，企业家精神的培育有助于企业竞争力的发展。

这种企业家精神尤其应该运用在科技创新与多元化经营方面，本书发现这两者都可以增强企业竞争力。其实，科技创新是台资企业的传统，注重核心技术、保持并加大研发投入、推动创新发展是企业的必然选择与必经之路。可是，部分早期进入大湾区的台资企业凭借其先发优势，较早地占有了市场，而不少企业把主要精力放在了营销方面，对科技创新的重视程度不足，因此这一理念很有必要进行扭转。而且，粤港澳大湾区聚集着全球顶尖企业，竞争激烈，市场机遇瞬息万变，台资企业应该通过多元化经营来获取市场目标，捕捉市场机遇，进而提升企业竞争力。对市场敏感的台资企业可以根据自身企业的特点合理布局，进行多元化经营，捕捉市场信息，以避免遭遇较大的投资风险，保持并提升竞争力。

通过综上研究，笔者发现大湾区企业竞争节奏大大加快，使企业面临着更多、更大的挑战，仅仅重视产品价格与非价格特性竞争，或者只在某些方面表现突出已远远不够，竞争日益朝着纵深发展，向着全方位拓展，从而使竞争获胜，特别是持久生存的难度大大增加了。因此，台资企业需要结合大湾区发展趋势调整企业发展战略，并推进其现代管理理念，更新现代企业管理制度。基于企业真实的调研分析，本书从粤港澳大湾区台资企业竞争力的视角进行研究，一方面，可以丰富台资企业竞争力的研究；另一方面，也可以为粤港澳大湾区其他企业的发展提供借鉴意义。希望广大的企业家关注发挥长期作用的竞争力因素，注重全方位培育竞争优势，提升企业整体上的竞争力。

最后，则是对本研究进行总结与展望。从粤港澳大湾区台资企业的实际情况出发，本书提出了台资企业竞争力体系的构建，并进行了相应的实证分析，给出了相关建议，既具有理论性，也具有实践性，既是实证研究，也是规范研究。

7.2 研究展望

作为重大国家战略，粤港澳大湾区的建设正在迅速腾飞，近几年亦成为学术界研究的热点话题。正是在这样的情况下，本书选取了粤港澳大湾区台资企业作为切入点，研究其企业竞争力问题，通过扎根理论分析提炼了台资企业综合经营指标体系，通过模糊物元法对样本企业进行了竞争力评估，通过实证分析辨析了营商环境、企业家精神、科技创新、台资企业核心特质、多元化经营等问题，并就大湾区规范建设发展、台资企业自身发展等方面给出了建议。

第一，尽管在实证分析部分，对大湾区台资企业与大湾区非台资企业及非大湾区台资企业的企业竞争力进行了对比，但这种竞争力体系及其比较是建立在大湾区台资企业特点上的，可能会存在与其他地区台资企业特点不相符合的现象。而且，实际上，长三角地区、闽三角地区在产业定位、城市特点、人文环境、政策导向等方面确实与大湾区有所不同。在后续研究中，笔者也会对其进行进一步分析。这几地的台资企业竞争力是否存在差异，是何种条件造就了这些差异，是值得深入研究的地方。

第二，从企业竞争力这一指标本身来看，其构建是各种因素杂糅影响的综合结果。企业竞争力评价指标的测量也有许多方法，总体上分为两种：第一种是以企业竞争结果为依据的评价指标，它主要把企业的调研数据作为评价标准，认为企业竞争力的强弱最终会体现在企业当期的调查问卷数据中；第二种是以竞争力来源为依据的评价指标，这种方法主要根据行业特征选取影响企业竞争力的多个关键因素（如资源要素、组织能力等）来构建指标体系（张雁月，2019）。本书采用的是第一种方法，通过收集不同类型台资企业数据对其竞争力来进行评价，未涉及第二种方法，因此可以在下一步的研究中进行拓展。

第三，对于企业而言，需要在策略建议方面更为具体，比如如何锤炼"创二代"与职业经理人的企业家精神；采取怎样的多元化经营方式；台资企业核心特质如何进一步发挥，等等。这些都有待在未来的研究中深入研究，提炼相关要领以指导实践。

第四，对于未来趋势方面，在当前的科技大潮之中，企业竞争日趋激烈。优秀的企业需要重视科技创新，积极推动企业数字化转型，实现产业升级；对于以制造业为主的台资企业来说，它们需要重视企业员工专业化能力的提升，更需要考虑采取大数据、云计算、区块链、人工智能等先进技术，实现企业智能化升级，这些方面可以进一步研究讨论。

本书就大湾区规划与建设、台资企业发展及与台商协会互动等方面给出了相关建议与研究展望，并希望以此为参考，帮助台资企业找准定位，保持台商创业精神，发扬台资企业优秀传统，使台资企业利用资源，敢于投入，善于经营，提升企业竞争力，同时发挥优势，改进短板，增加效益，更好地融入大湾区的建设，实现企业合理布局，把握粤港澳大湾区历史发展机遇期。

附　录

台资企业竞争力研究——访谈部分内容

台资企业高管 1

很高兴能够参与粤港澳大湾区台资企业竞争力的研究。我从事人力资源管理已经有十余年了，这个问题我也想了很久，也愿意把我的想法说出来跟大家沟通交流，作为一种经验分享。关于企业竞争力的问题，我从以下几个方面来进行展开。

第一个，是企业发展之中所强调的基础条件，这个基础条件更多是要衡量企业的硬功夫。台资企业的发展也面临这个问题，就是粤港澳大湾区的硬功夫怎么样，它的基础条件怎么样。

第二个，是在社会发展之中，企业与整个环境是密切相关的。企业的发展不可能离开这个大环境，比如大湾区的制度、经济、人口、文化对企业提供了巨大的帮助，使企业的发展变得更好。如果企业搬去了其他地方，如中国的西部地区，虽然那边地域可能非常辽阔，但是那边的人口结构、收入分配并不一定能够满足大企业的发展需要。

第三个，是企业的运营，即企业的运营制度。企业运营的情况与面临的文化都会影响企业下一步的发展。

第四个，是企业在全球价值链中所处的地位。因为台资企业有些是从台湾转移出来的企业，有些是台籍投资者看好并投资的企业，所以企业在全球价值链上有一定的地位，以实现盈利。如果只谈企业，不谈地位和价值，这属于白谈。

第五个，是企业拥有的核心技能。这主要考虑其核心人才资源与创新能力。

第六个，是营商环境。整体来说，企业的发展与社会的营商环境密不可分。而营商环境与企业社会发展之间存在怎样的关系，还要看当地所提供的公共服务。为什么台资企业家会选择来大湾区投资建厂，而没有选择去中国的东北、西北地区，一个重要的因素就是大湾区提供了良好的营商环境，而这一点是其他地区很难提供到的。比如说在大湾区，对于投资建成的企业，特别是外地投资者建成的企业，政府有良好的扶持政策，但是其他地区很难有这样的条件。不仅不会这样，反而有的时候你还会受到很多当地企业的排挤，从而影响到你的投资。

综合来看，这个评价体系是多维、复杂而全面的，至于会涉及哪些具体要素，这个需要许多专家学者进行反复的论证才能达成……

台资企业高管 2

我从事人力资源工作近八年，大湾区内的台资企业在人力资源方面具有相当大的优势。同时，台资企业在重视法律方面做得非常好。台资企业还重视企业员工的素质，提供大量的培训机会，而且台资企业员工的收入与他们的学历有直接的关系。

许多企业更多的是通过它们的市场营销，如品牌、广告、市场占有率、口碑、产品质量等来了解台资企业的。台资企业的盈利能力、财务状况也是非常好的，它们非常注重企业的财务健康情况，比如财务的流动比率、速动比率维持在正常水平；资本和资产保持较好的状态。同时，它们在产业这一块做得也是相当棒的，对于产业的上、中、下游，它们会根据自己的技能，做好自身的定位，而非全部占有。此外，在公共服务方面也是，它们通过多方面渠道也是做得非常棒的……

专家 1

台资企业的厂房、设备等固定资产，还有员工素质等都是相当不错的。对于宏观的大环境、人口结构、收入分配等客观因素，虽然大环境是单个企业所无法左右的，但我们可以加以利用，特别是台资企业一定要抓住机遇。大湾区的政策、福利、贸易就像是一个风口，企业能搭载在这个风口之上，就会获得政策利好，并迅速发展。但是本质上来说，企业的核心技术与市场资源是它的关键，只有掌握核心技术、把握市场，企业才能够发展不错……

专家 2

我在本科、硕士、博士一直从事企业运营领域的研究。台资企业是我重要的研究对象，我跟踪研究某些企业的时间长达十几年了。在这个过程中，台资企业的发展面临着很多问题，其中政策大环境对它们的发展有直接影响。要了解台资企业真实的情况，不仅要充分了解大环境，通过大环境来间接了解整个台资企业的发展状况，还要充分重视大陆和台湾之间的政策问题，其中大湾区的政策是非常重要的因素……

专家 3

我从事企业管理方面的研究与咨询，发现台资企业具有许多优势，它的企业制度有诸多先进之处。特别是在企业的凝聚力方面，上下沟通渠道做得非常好。同时，台资企业在国际融资方面做得也比较出色。台资企业通过产业的国际布局，一方面国际资金可以流向本地，另一方面本地资金集合后又可以投向外地，实现资金的跨国或跨区域流通……

专家 4

企业竞争力是我的研究方向之一。台资企业在企业运营方面具有良好的基础和传统，并受到了历史和现实等多种因素的影响，形成了一种特殊的台资企业特质，这种特质成为了形成企业核心竞争力的因素之一。当下，企业竞争力已经成了一个复杂的问题，不能就某一方面进行解释，而是需要从多种渠道、多个方面，结合宏观因素与微观因素进行解读……

专家 5

我从事跨国企业研究，发现台资企业比较善于把握政策方面的变动，在政策的不断变化中，能够把握住良好的机遇，进而提升自身整体的能力。此外，台资企业非常重视台籍员工的教育水平和掌握的技能，它们通过不断提升台籍员工的能力，来影响企业的文化……

台资企业家 1

我在大湾区这边发展差不多有 30 多年了，当初从一个小工厂开始做起，把企业一步步做到现在的规模。我觉得台资企业比较重视政府政策，看好这边的政策扶持，即营商环境，也感受到了大湾区这几年营商环境良好的改变。同时，技术条件这一块儿，包括所强调的基础设施、技术创新都是台资企业善于把握和利用的……

台资企业家 2

我 2000 年到广东投资企业，距离现在也有 20 多年了。在大湾区，台资企业比较重视技术创新。同时，台资企业也善于把握产业结构的演变，找准自己的定位点，会通过不同的政策敏锐地对资源进行分配调整，还会通过多种渠道让知识产权得到很好的应用……

台资企业家 3

我 1998 年来到广州开发区，算是比较早的一批台商了。台资企业的竞争力可以从多个方面来进行分析。我觉得台资企业往往在收入分配方面具有非常强烈的优势，它们通过调节收入分配，使员工在感受到企业良好氛围的同时提升他们的收入所得。台资企业也非常重视品牌，通过国际化来不断地提升品牌的整体影响力……

台资企业竞争力研究访谈问卷编码提取过程（部分）

编码要点：

1. 企业的背景——台资企业从事领域、资金要素、发展规模如何？

2. 企业现有的竞争力状况。大湾区台资企业发展过程中存在什么不确定因素或者所在企业面临的主要的风险是什么？

3. 曾经采取过什么措施来改善（或提升）企业竞争力，效果如何？

4. 企业是否拥有企业竞争力分析制度，执行情况如何，存在哪些问题？

5. 企业战略——企业经营理念、核心价值观和近期发展战略是什么？

6. 企业现有的战略目标及发展方向是什么？

7. 企业是否制定了明确的中长期发展战略和实施步骤，如有，是什么？

8. 企业采取了哪些主要措施来保证战略的有效实施，结果如何？

9. 向员工宣传所在企业发展战略的情况如何，是通过什么方式进行宣传的？

10. 要保持所在企业竞争力持续不断发展，下一步将采取什么措施？

11. 企业负责人实行什么样的治理结构？

12. 企业的章程和协议中是否明确管理层的权限和职责，分别具有哪些权限和职责？

13. 台籍管理层权限中是否有明确禁止的事项？

14. 台资企业员工构成是否符合要求（人数、比例、学历等）？

15. 基层员工是否能在其工作岗位履行基本职能？

16. 人事招聘的决策是否有企业负责人进行监督？人事招聘是否有相应记录？

17. 企业在决策过程中是否有过失误的案例或教训？决策失误是否有严格的责任追究制度？

18. 企业所面临的行业环境。

19. 企业所在行业的竞争程度。

20. 行业上下游企业的复杂性。

21. 企业所在行业的竞争对手有哪些？

22. 企业是如何获得当地政府支持的？

23. 在与同行业其他企业竞争时，企业采取了怎样的措施？

24. 企业是如何判断国际化的？

25. 与竞争对手相比，企业的竞争优势是什么？

26. 企业有哪些劣势？

27. 粤港澳大湾区政策的变化对企业的影响有哪些？

28. 企业是否有专人（或部门）做企业竞争力分析以评估决策情况？

29. 企业的员工创新性如何？

30. 企业的公司战略通过什么方式传递给员工？

31. 企业现有的组织结构。

32. 企业的核心部门结构是怎样的？

33. 企业中台籍员工的现状及收入。

34. 企业创新型部门的设置和收入范围。

35. 企业负责人和部门之间的职能和权责划分情况存在哪些问题？

36. 企业内各部门设置的分工情况是否有需要改进的地方？

37. 企业员工之间的关系和工作氛围。

38. 企业员工合作与交流的情况。

39. 企业中员工能否获得足够的企业培训？

40. 企业的员工岗位安排划分是否有利于决策和工作的开展，是否有需要改进的地方？

41. 企业员工的工资水平如何?

41. 企业员工工作的饱和程度怎么样?

42. 企业各部门之间是否建立了有效的制衡机制?

43. 信息在企业组织中传递的过程。

44. 企业沟通流程的现状。

45. 企业(部门)有哪些关键业务流程?

46. 企业是否有明确的报告程序?

47. 台籍员工的建议是否能够有效地传递并得到反馈?

48. 政府与企业之间的配合程度如何,存在哪些问题?

49. 企业的决策信息在各部门间的传递情况。

50. 粤港澳大湾区政府或者部门的审批、决策程序以及风险控制措施情况。

51. 政府出台各项政策的执行情况。

52. 企业的科研部门职能与岗位情况。

53. 企业现有职能部门权限、责任的执行情况。

54. 企业员工的离职情况。

55. 企业的文化传承方案的应用情况。

56. 企业现有岗位的设置使员工有效地开展工作和发挥能力的情况。

57. 企业核心岗位价值的评估情况。

58. 企业员工辞职、辞退等管理规定的情况。

59. 继续发展现有行业内的企业竞争情况。

60. 企业未来发展预期的清晰程度。

61. 企业的用人标准情况。

62. 企业中台籍员工的合理建议是否得到有效采用。

63. 企业人事部门对核心技术员工专业胜任能力、经验与背景的调查情况。

64. 企业在新技术的应用如何？

65. 企业在研发上的投入如何？

66. 企业是否进行了多元化经营的尝试？

67. 企业是否考虑过离开大湾区？

68. 企业与台商协会的互动是怎样的？

69. 企业的创新绩效如何？

70. 与以前任职的企业相比，您现在所在的（台资）企业有什么不同？

台资企业竞争力调查问卷

尊敬的先生/女士：

　　您好！本问卷是为了对粤港澳大湾区台资企业竞争力进行分析调查而设计的，纯属学术行为，希望您真实填写。真诚地希望得到您的支持，请您提供真实的情况和想法。本次问卷采取不记名方式，对于您的回答将根据《统计法》予以保密，充分尊重您的意见，并会对统计信息严格保密。调查问卷中有部分题目是企业负责人来填写的，问卷题目中已标出。希望您结合实际情况做出您心目中真实的选项，不必有任何方面的担心。

　　注：问卷选项涉及的门类较多，分区选项原则上不能重叠，

但是有部分选项出于统计习惯出现重叠部分，例如，A. 1 万~10万，B. 10 万~20 万表示统计过程不包括选项最小值但包括选项最大值。数学意义：A 选项表示（10 000，100 000]；B 选项表示（100 000，200 000]均为半开区间。

问卷填写人基本信息：

企业名称：

身份：员工（   ）   企业负责人（   ）

可否继续面谈访问：是（   ）   否（   ）

再次感谢您的积极配合，祝您工作顺利，万事如意。

一、公司发展基本情况模块

1. 您在公司的任职时间是（   ）

A. 6 年以上   B. 2 年至 6 年   C. 1 年至 2 年

D. 6~12 月   E. 1~6 月

2. 您认为公司的招聘程序是否合理？如果不合理，还有哪些方面需改进？（   ）

A. 很合理   B. 较合理   C. 一般

D. 不合理   E. 极不合理

3. 您是否满意公司的各种薪酬制度？（   ）

A. 非常满意   B. 基本满意   C. 不确定

D. 基本不满意   E. 非常不满意

4. 您认为公司现行考勤制度是否合理？（   ）

A. 很合理   B. 较合理   C. 一般

D. 不合理　　　　E. 极不合理

5. 您对当前人事管理的满意情况？（　　）

A. 非常满意　　　B. 基本满意　　　C. 不确定

D. 基本不满意　　E. 非常不满意

6. 您对公司管理层的认可情况？（　　）

A. 非常满意　　　B. 基本满意　　　C. 不确定

D. 基本不满意　　E. 非常不满意

7. 您对您目前工作的满意情况？（　　）

A. 非常满意　　　B. 基本满意　　　C. 不确定

D. 基本不满意　　E. 非常不满意

8. 您认为公司为进一步发展准备的资源是否充足？（　　）

A. 充足　　　　　B. 一般　　　　　C. 不充足

D. 难说　　　　　E. 没考虑过

9. 您是否能及时了解到公司的发展状况和部门的工作目标？（　　）

A. 非常及时　　　B. 比较及时　　　C. 一般

D. 不太及时　　　E. 不及时

10. 您认为公司专利产品数量的情况？（　　）

A. 非常多　　　　B. 比较多　　　　C. 一般

D. 比较少　　　　E. 几乎没有

11. 您是否愿意长期在目前的公司工作？（　　）

A. 非常愿意　　　B. 比较愿意　　　C. 一般

D. 不太愿意　　　E. 不愿意

12. 您周围的企业管理层是否能够致力于高质量的工作？
（　　）

A. 非常好　　　　　B. 比较好　　　　　C. 一般

D. 不太好　　　　　E. 不好

13. 您认为公司与员工之间的沟通渠道是否顺畅？（　　）

A. 非常顺畅　　　　B. 比较顺畅　　　　C. 一般

D. 不太顺畅　　　　E. 不顺畅

14. 您认为同事之间的人际关系是否和谐？（　　）

A. 非常和谐　　　　B. 比较和谐　　　　C. 一般

D. 不太和谐　　　　E. 不和谐

15. 您是否满意您的工作环境？（　　）

A. 非常满意　　　　B. 比较满意　　　　C. 一般

D. 不太满意　　　　E. 不满意

16. 您对员工与管理层领导进行有效沟通的满意度？（　　）

A. 非常满意　　　　B. 比较满意　　　　C. 一般

D. 不太满意　　　　E. 不满意

17. 您对上级分配工作量的满意度？（　　）

A. 非常满意　　　　B. 比较满意　　　　C. 一般

D. 不太满意　　　　E. 不满意

18. 在工作中，您是否经常因工作出色而受表扬？（　　）

A. 总是　　　　　　B. 经常　　　　　　C. 偶尔

D. 基本没有　　　　E. 从没有

19. 您对所在公司的企业文化氛围的满意度？（　　）

A. 非常满意　　　　B. 比较满意　　　　C. 一般

D. 不太满意　　　　E. 不满意

20. 贵企业在 2020 年一共组织了几次团建活动？（　　　）

A. 10 次及以上　　　B. 7～9 次　　　　　C. 4～6 次

D. 1～3 次　　　　E. 0 次

21. 您对在贵公司工作的自豪程度？（　　　）

A. 非常自豪　　　　B. 比较自豪　　　C. 一般

D. 不太自豪　　　　E. 不自豪

22. 公司上下级的沟通渠道顺畅程度？（　　　）

A. 非常顺畅　　　　B. 比较顺畅　　　C. 一般

D. 不太顺畅　　　　E. 不顺畅

23. 您认为贵公司员工的凝聚力如何？（　　　）

A. 非常好　　　　　B. 比较好　　　　C. 一般

D. 不太好　　　　　E. 不好

24. 您参与公司的日常招聘吗？（　　　）

A. 总是　　　　　　B. 经常　　　　　C. 一般

D. 偶尔　　　　　　E. 从不

25. 您对贵公司福利的满意度？（　　　）

A. 非常满意　　　　B. 比较满意　　　C. 一般

D. 不太满意　　　　E. 不满意

企业负责人继续填写

26. 贵企业的所有制形式为（　　　）

A. 个体独资　　　　B. 合伙制　　　　C. 有限责任制

D. 股份制　　　　　E. 其他

27. 贵企业的类型为（　　　）

A. 制造业　　　　　B. 服务业　　　　　C. 住宿和餐饮业

D. 批发和零售业　　E. 其他

28. 公司上下的沟通渠道情况？（　　　）

A. 非常好　　　　　B. 比较好　　　　　C. 一般

D. 比较差　　　　　E. 非常差

29. 您认为贵企业员工的凝聚力如何？（　　　）

A. 非常好　　　　　B. 比较好　　　　　C. 一般

D. 比较差　　　　　E. 非常差

30. 您对贵企业的员工的满意程度？（　　　）

A. 非常满意　　　　B. 比较满意　　　　C. 一般

D. 不太满意　　　　E. 不满意

31. 在工作中，您是否经常因员工工作出色而表扬他们？
（　　　）

A. 总是　　　　　　B. 经常　　　　　　C. 偶尔

D. 基本没有　　　　E. 从没有

32. 分配给下级的工作量是否饱满？（　　　）

A. 非常饱满　　　　B. 比较饱满　　　　C. 一般

D. 不太饱满　　　　E. 不饱满

33. 您对与您的下级进行有效沟通的满意程度？（　　　）

A. 非常满意　　　　B. 比较满意　　　　C. 一般

D. 不太满意　　　　E. 不满意

34. 您是否愿意继续长期在贵企业工作？（　　　）

A. 非常愿意　　　　B. 比较愿意　　　　C. 一般

D. 不太愿意　　　E. 不愿意

35. 您周围的台资企业家是否能够致力于高质量的工作？
（　　）

A. 非常能　　　B. 比较能　　　C. 一般

D. 不太能　　　E. 不能

36. 您认为与员工之间的沟通渠道是否顺畅？（　　）

A. 非常顺畅　　　B. 比较顺畅　　　C. 一般

D. 不太顺畅　　　E. 不顺畅

37. 您认为同事之间的人际关系是否和谐？（　　）

A. 非常和谐　　　B. 比较和谐　　　C. 一般

D. 不太和谐　　　E. 不和谐

38. 您参与公司各个层次的招聘吗？（　　）

A. 总是　　　B. 经常　　　C. 一般

D. 偶尔　　　E. 从不

二、企业基本条件模块

（一）资金要素

1. 企业资产总额（　　）

A. 1 亿以上　　　B. 5 000 万~1 亿　　　C. 500 万~5 000 万

D. 100 万~500 万　　E. 100 万及以下

2. 企业投资总额（　　）

A. 1 亿以上　　　B. 5 000 万~1 亿　　　C. 500 万~5 000 万

D. 100 万~500 万　　E. 100 万及以下

3. 企业自有资金数额（　　）

A. 1 亿以上　　　　B. 5 000 万 ~ 1 亿　　C. 500 万 ~ 5 000 万

D. 100 万 ~ 500 万　E. 100 万及以下

4. 企业银行贷款数额（　　）

A. 1 000 万以上　　B. 500 万 ~ 1 000 万　C. 100 万 ~ 500 万

D. 10 万 ~ 100 万　E. 10 万及以下

（二）基本人力要素

1. 贵公司全员劳动生产率（企业生产总值/总人数）（　　）

A. 40 万元/人以上

B. 30 万元/人 ~ 40 万元/人

C. 20 万元/人 ~ 30 万元/人

D. 10 万元/人 ~ 20 万元/人

E. 10 万元/人及以下

2. 贵公司全员人均利润率（企业利润总值/总人数）（　　）

A. 30 万元/人以上

B. 20 万元/人 ~ 30 万元/人

C. 10 万元/人 ~ 20 万元/人

D. 5 万元/人 ~ 10 万元/人

E. 5 万元/人及以下

3. 普通员工平均受教育程度（　　）

A. 硕士及以上　　　B. 本科　　　　　　C. 高中及技校

D. 初中及以下　　　E. 其他

4. 管理层平均受教育程度（　　）

A. 硕士及以上　　　B. 本科　　　　　　C. 高中及技校

D. 初中及以下　　　E. 其他

5. 员工一周参加培训的时间（　　　）

A. 20 小时以上　　　B. 15 ~ 20 小时　　　C. 10 ~ 15 小时

D. 5 ~ 10 小时　　　E. 5 小时及以下

企业负责人继续填写

6. 台籍普通员工平均受教育程度（　　　）

A. 硕士及以上　　　B. 本科　　　　　　C. 高中及技校

D. 初中及以下　　　E. 其他

7. 台籍管理层平均受教育程度（　　　）

A. 硕士及以上　　　B. 本科　　　　　　C. 高中及技校

D. 初中及以下　　　E. 其他

8. 台籍员工一周参加培训的时间（　　　）

A. 20 小时以上　　　B. 15 ~ 20 小时　　　C. 10 ~ 15 小时

D. 5 ~ 10 小时　　　E. 5 小时及以下

（三）科技创新

1. 科技开发经费占销售额比重（　　　）

A. 20% 以上　　　B. 10% ~ 20%　　　C. 5% ~ 10%

D. 1% ~ 5%　　　E. 1% 及以下

2. 职工中研发人员比重（　　　）

A. 20% 以上　　　B. 10% ~ 20%　　　C. 5% ~ 10%

D. 1% ~ 5%　　　E. 1% 及以下

3. 投产的新产品占企业全部生产商品的比例（　　　）

A. 20% 以上　　　B. 10% ~ 20%　　　C. 5% ~ 10%

D. 1% ~5%　　　　E. 1% 及以下

4. 新产品价值占企业全部生产商品价值比例（　　）

A. 20% 以上　　　　B. 10% ~20%　　　　C. 5% ~10%

D. 1% ~5%　　　　E. 1% 及以下

5. 企业新产品销售获得收入占全部商品收入比例（　　）

A. 20% 以上　　　　B. 10% ~20%　　　　C. 5% ~10%

D. 1% ~5%　　　　E. 1% 及以下

企业负责人继续填写

6. 企业研发人员收入与普通员工平均收入相比（　　）

A. 高很多　　　　B. 高一些　　　　C. 几乎相同

7. 企业研发人员收入是普通员工平均收入（　　）

A. 1.6 倍以上　　　　B. 1.3 ~1.6 倍　　　　C. 1 ~1.3 倍

（四）基础设施

1. 生产设备更新速度（　　）

A. 很快　　　　B. 较快　　　　C. 一般

D. 较慢　　　　E. 从不更新

2. 本年度新增生产设备在总设备数占比（　　）

A. 0.4 以上　　　　B. 0.3 ~0.4　　　　C. 0.2 ~0.3

D. 0.1 ~0.2　　　　E. 0.1 及以下

3. 职工总数（　　）

A. 1 000 人以上　　　　B. 500 ~1 000 人　　　　C. 200 ~500 人

D. 100 ~200 人　　　　E. 100 人及以下

4. 您所在部门企业净资产总额（　　　）

A. 1 000 万以上　　　B. 500 万 ~ 1 000 万　C. 100 万 ~ 500 万

D. 10 万 ~ 100 万　　E. 10 万及以下

5. 您所在部门固定资产投资总额（　　　）

A. 1 000 万以上　　　B. 500 万 ~ 1 000 万　C. 100 万 ~ 500 万

D. 10 万 ~ 100 万　　E. 10 万及以下

6. 在您部门，平均每台生产设备需要几人操作（　　　）

A. 12 人及以上　　　B. 8 ~ 11 人　　　　　C. 5 ~ 8 人

D. 2 ~ 5 人　　　　　E. 2 人及以下

企业负责人继续填写

7. 贵企业净资产总额（　　　）

A. 1 000 万以上　　　B. 500 万 ~ 1 000 万　C. 100 万 ~ 500 万

D. 10 万 ~ 100 万　　E. 10 万及以下

8. 贵企业固定资产投资总额（　　　）

A. 1 000 万以上　　　B. 500 万 ~ 1 000 万　C. 100 万 ~ 500 万

D. 10 万 ~ 100 万　　E. 10 万及以下

三、社会环境模块

（一）宏观经济

1. 您对贵地市经济发展满意度（　　　）

A. 非常满意　　　　B. 比较满意　　　　　C. 一般

D. 不太满意　　　　E. 不满意

2. 您对贵地市社会法制满意度（　　　）

A. 非常满意　　　　B. 比较满意　　　　　C. 一般

D. 不太满意　　　E. 不满意

3. 贵企业员工每年离职率（　　　）

A. 10% 及以下　　B. 10%～15%　　　C. 15%～20%

D. 20%～25%　　　E. 25% 以上

4. 贵企业获得财政补贴资金数额（　　　）

A. 200 万元以上　　　B. 100 万元～200 万元

C. 50 万元～100 万元　　D. 10 万元～50 万元

E. 10 万元及以下

（二）人口结构

1. 贵企业外地人口占比（　　　）［即外地人口数量/（外地人口数量 + 本地人口数量），其中外地人口是指非本地级市的人口］

A. 70% 以上　　　B. 50%～70%　　　C. 30%～50%

D. 10%～30%　　　E. 10% 及以下

2. 贵地人口平均受教育程度（　　　）

A. 硕士及以上　　　B. 本科　　　　　C. 高中及技校

D. 初中及以下　　　E. 其他

3. 您认为贵地劳动力的供给情况（　　　）

A. 很好　　　　　B. 较好　　　　　C. 一般

D. 不好　　　　　E. 不清楚

（三）收入分配结构

1. 您对您的可支配收入满意度（　　　）

A. 非常满意　　　B. 比较满意　　　C. 一般

D. 不太满意　　　E. 不满意

2. 您认为本地的贫富差距程度 （　　　）

A. 极大　　　　　　B. 较大　　　　　　C. 中等

D. 较小　　　　　　E. 极小

企业负责人继续填写

3. 公司员工人均年收入 （　　　）

A. 30 万元/人以上

B. 20 万元/人 ~ 30 万元/人

C. 10 万元/人 ~ 20 万元/人

D. 5 万元/人 ~ 10 万元/人

E. 5 万元/人及以下

4. 公司高层管理人员的平均收入在公司能够超过的人数占比

（　　　）

A. 10% 及以下　　　B. 10% ~ 25%　　　C. 25% ~ 50%

D. 50% ~ 75%　　　E. 75% 以上

四、企业运营模块

（一）企业制度文化

1. 现代企业制度建立的完善程度 （　　　）

A. 非常完善　　　　B. 比较完善　　　　C. 一般

D. 不太完善　　　　E. 不完善

2. 现代企业制度改革效果 （　　　）

A. 非常好　　　　　B. 比较好　　　　　C. 一般

D. 不太好　　　　　E. 不好

3. 您对企业凝聚力的满意度（   ）

A. 非常满意　　　　B. 比较满意　　　　C. 一般

D. 不太满意　　　　E. 不满意

4. 您对企业文化先进性的满意度（   ）

A. 非常满意　　　　B. 比较满意　　　　C. 一般

D. 不太满意　　　　E. 不满意

5. 您对企业文化国际性的满意度（   ）

A. 非常满意　　　　B. 比较满意　　　　C. 一般

D. 不太满意　　　　E. 不满意

6. 普通员工直接向上级请示工作时，得到上级答复的及时程度（   ）

A. 非常及时　　　　B. 比较及时　　　　C. 一般

D. 不太及时　　　　E. 不及时

7. 您与您的上级在工作上的交流情况（   ）

A. 非常多　　　　　B. 比较多　　　　　C. 一般

D. 比较少　　　　　E. 没有

8. 在与您相关的工作中，您能充分行使建议权的情况（   ）

A. 非常多　　　　　B. 比较多　　　　　C. 一般

D. 比较少　　　　　E. 没有

9. 您认为公司管理制度的合理度（   ）

A. 非常合理　　　　B. 比较合理　　　　C. 一般

D. 不太合理　　　　E. 不合理

10. 当您的工作需要相关部门协助时，相关部门的配合情况
（　　）

    A. 非常好　　　　B. 比较好　　　　C. 一般

    D. 不太好　　　　E. 不满意

企业负责人继续填写

11. 管理层员工与您在工作上的交流情况（　　）

    A. 非常多　　　　B. 比较多　　　　C. 一般

    D. 比较少　　　　E. 没有

12. 基层员工与您在工作上的交流情况（　　）

    A. 非常多　　　　B. 比较多　　　　C. 一般

    D. 比较少　　　　E. 没有

13. 台籍管理层员工与您在工作上的交流情况（　　）

    A. 非常多　　　　B. 比较多　　　　C. 一般

    D. 比较少　　　　E. 没有

（二）企业市场营销

1. 贵企业的品牌价值（　　）

    A. 非常大　　　　B. 比较大　　　　C. 一般

    D. 不太大　　　　E. 不大

2. 贵企业的品牌知名度（　　）

    A. 非常高　　　　B. 比较高　　　　C. 一般

    D. 不太高　　　　E. 不高

3. 贵企业的国际化广告与包装（　　）

    A. 非常好　　　　B. 比较好　　　　C. 一般

D. 不太好   E. 不好

4. 贵企业的产品销售获利率（   ）

A. 0.8 以上   B. 0.7 ~ 0.8   C. 0.6 ~ 0.7

D. 0.5 ~ 0.6   E. 0.5 及以下

5. 贵企业的市场占有率（   ）

A. 0.1 以上   B. 0.05 ~ 0.1   C. 0.02 ~ 0.05

D. 0.01 ~ 0.02   E. 0.01 及以下

6. 贵企业的产品合格率（   ）

A. 0.8 以上   B. 0.7 ~ 0.8   C. 0.6 ~ 0.7

D. 0.5 ~ 0.6   E. 0.5 及以下

7. 贵企业的数量指标与国际认证情况（   ）

A. 非常好   B. 较好   C. 一般

D. 较差   E. 非常差

（三）企业盈利能力（企业财务员工填写）

1. 贵企业的应收账款周转率（   ）

A. 0.5 及以下   B. 0.5 ~ 0.6   C. 0.6 ~ 0.7

D. 0.7 ~ 0.8   E. 0.8 以上

2. 贵企业的积压商品物资比率（   ）

A. 0.5 及以下   B. 0.5 ~ 0.6   C. 0.6 ~ 0.7

D. 0.7 ~ 0.8   E. 0.8 以上

3. 贵企业的固定资产闲置率（   ）

A. 0.5 及以下   B. 0.5 ~ 0.6   C. 0.6 ~ 0.7

D. 0.7 ~ 0.8   E. 0.8 以上

4. 贵企业的流动比率 (　　)

A. 0. 5 及以下　　　B. 0. 5 ~ 0. 6　　　C. 0. 6 ~ 0. 7

D. 0. 7 ~ 0. 8　　　E. 0. 8 以上

5. 贵企业的速动比率 (　　)

A. 0. 5 及以下　　　B. 0. 5 ~ 0. 6　　　C. 0. 6 ~ 0. 7

D. 0. 7 ~ 0. 8　　　E. 0. 8 以上

6. 贵企业的资本保值增值率 (　　)

A. 0. 5 及以下　　　B. 0. 5 ~ 0. 6　　　C. 0. 6 ~ 0. 7

D. 0. 7 ~ 0. 8　　　E. 0. 8 以上

7. 贵企业的资产负债率 (　　)

A. 0. 5 及以下　　　B. 0. 5 ~ 0. 6　　　C. 0. 6 ~ 0. 7

D. 0. 7 ~ 0. 8　　　E. 0. 8 以上

8. 贵企业的长期负债率 (　　)

A. 0. 5 及以下　　　B. 0. 5 ~ 0. 6　　　C. 0. 6 ~ 0. 7

D. 0. 7 ~ 0. 8　　　E. 0. 8 以上

9. 贵企业的现金净流量比率 (　　)

A. 0. 5 及以下　　　B. 0. 5 ~ 0. 6　　　C. 0. 6 ~ 0. 7

D. 0. 7 ~ 0. 8　　　E. 0. 8 以上

企业负责人继续填写

10. 您认为贵企业的应收账款周转率 (　　)

A. 非常小　　　B. 较小　　　C. 一般

D. 较大　　　E. 非常大

11. 您认为贵企业的积压商品物资比率（　　　）

A. 非常小　　　　　B. 较小　　　　　　C. 一般

D. 较大　　　　　　E. 非常大

12. 您认为贵企业的固定资产闲置率（　　　）

A. 非常小　　　　　B. 较小　　　　　　C. 一般

D. 较大　　　　　　E. 非常大

13. 您认为贵企业的流动比率（　　　）

A. 非常小　　　　　B. 较小　　　　　　C. 一般

D. 较大　　　　　　E. 非常大

14. 您认为贵企业的速动比率（　　　）

A. 非常小　　　　　B. 较小　　　　　　C. 一般

D. 较大　　　　　　E. 非常大

15. 您认为贵企业的资本保值增值率（　　　）

A. 非常小　　　　　B. 较小　　　　　　C. 一般

D. 较大　　　　　　E. 非常大

16. 您认为贵企业的资产负债率（　　　）

A. 非常小　　　　　B. 较小　　　　　　C. 一般

D. 较大　　　　　　E. 非常大

17. 您认为贵企业的长期负债率（　　　）

A. 非常小　　　　　B. 较小　　　　　　C. 一般

D. 较大　　　　　　E. 非常大

18. 您认为贵企业的现金净流量比率（　　　）

A. 非常小　　　　　B. 较小　　　　　　C. 一般

D. 较大　　　　　　E. 非常大

五、产业结构模块

（一）关联产业

贵企业与上下游企业关联密切程度（　　　）

A. 非常高　　　　　　B. 较高　　　　　　C. 一般

D. 较低　　　　　　　E. 非常低

（二）结构演化程度

您认为贵企业工业化比例指数（　　　）

A. 非常好　　　　　　B. 较好　　　　　　C. 一般

D. 较差　　　　　　　E. 非常差

（三）产业成长性

您对贵企业在该产业未来前景的预测（　　　）

A. 非常好　　　　　　B. 较好　　　　　　C. 一般

D. 较差　　　　　　　E. 非常差

（四）产业就业吸纳程度

您认为贵企业在吸纳就业方面的情况（　　　）

A. 非常好　　　　　　B. 较好　　　　　　C. 一般

D. 较差　　　　　　　E. 非常差

六、机遇保障模块

（一）知识产权政策

1. 贵企业的新技术或新产品申请了知识产权的占比（　　　）

A. 80% 以上　　　　B. 50% ~ 80%　　　　C. 30% ~ 50%

D. 10% ~ 30%　　　　E. 10% 及以下

2. 您认为贵地企业对知识产权保护的重视程度（   ）

A. 很高   B. 比较高   C. 一般

D. 较低   E. 很低

(二) 知识产权保护

1. 贵地级市从事本行业律师人数（   ）

A. 200 人以上   B. 100～200 人   C. 50～100 人

D. 10～50 人   E. 10 人及以下

2. 贵企业每年律师知识产权案件代理数（   ）

A. 100 件及以下   B. 100～200 件   C. 200～500 件

D. 500～1 000 件   E. 1 000 件以上

3. 贵企业每年知识产权专利申请数目（   ）

A. 1 000 件以上   B. 500～1 000 件   C. 200～500 件

D. 100～200 件   E. 100 件及以下

4. 贵企业每年从事知识产权保护人数（   ）

A. 100 人以上   B. 50～100 人   C. 20～50 人

D. 10～20 人   E. 10 人及以下

(三) 全球化机遇

1. 贵企业境外子公司数（   ）

A. 20 个以上   B. 15～20 个   C. 10～15 个

D. 5～10 个   E. 5 个及以下

2. 贵企业国际融资规模占比（   ）

A. 60% 以上   B. 50%～60%   C. 30%～50%

D. 10%～30%   E. 10% 及以下

3. 贵企业境外公司职员比例（　　）

　A. 60% 以上　　　　B. 50% ~ 60%　　　C. 30% ~ 50%

　D. 10% ~ 30%　　　E. 10% 及以下

4. 贵企业境外利润占总利润比率（　　）

　A. 20% 以上　　　　B. 10% ~ 20%　　　C. 5% ~ 10%

　D. 1% ~ 5%　　　　E. 1% 及以下

七、营商环境模块

（一）公共服务体系

1. 您认为贵地公共服务平台与贵企业之间的联系紧密程度
（　　）

　A. 非常好　　　　B. 较好　　　　　C. 一般

　D. 较差　　　　　E. 非常差

2. 您认为贵企业所在区域公共服务体系的完善程度（　　）

　A. 非常好　　　　B. 较好　　　　　C. 一般

　D. 较差　　　　　E. 非常差

（二）政府扶持政策

1. 您认为政府在贵企业发展中的作用（　　）

　A. 非常好　　　　B. 较好　　　　　C. 一般

　D. 较差　　　　　E. 非常差

2. 您认为政府组织交易会、展销会等会展对贵企业发展的影
响程度（　　）

　A. 非常大　　　　B. 较大　　　　　C. 一般

　D. 较小　　　　　E. 非常小

3. 您认为政府加大税收优惠力度对于贵企业发展的影响程度
（　　）

A. 非常大　　　　B. 较大　　　　　C. 一般

D. 较小　　　　　E. 非常小

4. 您认为政府简化企业开办程序对于贵企业发展的影响程度
（　　）

A. 非常大　　　　B. 较大　　　　　C. 一般

D. 较小　　　　　E. 非常小

八、企业关系模块

（一）企业与政府关系

1. 您对贵企业高层或其亲属在政府担任职务的赞同程度
（　　）

A. 非常赞同　　　B. 比较赞同　　　C. 一般

D. 比较不赞同　　E. 不赞同

2. 您对贵企业高层成为人大（代表）或政协（代表）的赞
同程度（　　）

A. 非常赞同　　　B. 比较赞同　　　C. 一般

D. 比较不赞同　　E. 不赞同

3. 您对贵企业高层经常参与政府组织的各种会议的赞同程度
（　　）

A. 非常赞同　　　B. 比较赞同　　　C. 一般

D. 比较不赞同　　E. 不赞同

4. 您对贵企业采取各种措施与当地政府建立良好关系的赞同
程度（　　）

A. 非常赞同　　　B. 比较赞同　　　C. 一般

D. 比较不赞同　　E. 不赞同

5. 您对贵企业与当地政府已经建立了密切关系的赞同程度
（　　　）

A. 非常赞同　　　B. 比较赞同　　　C. 一般

D. 比较不赞同　　E. 不赞同

6. 您对贵企业经常派出员工作为专家参与政府组织的相关项目的赞同程度（　　　）

A. 非常赞同　　　B. 比较赞同　　　C. 一般

D. 比较不赞同　　E. 不赞同

7. 您对贵企业为政府提供意见和研究报告的赞同程度
（　　　）

A. 非常赞同　　　B. 比较赞同　　　C. 一般

D. 比较不赞同　　E. 不赞同

8. 您对贵企业的做法得到政府部门认可的赞同程度（　　　）

A. 非常赞同　　　B. 比较赞同　　　C. 一般

D. 比较不赞同　　E. 不赞同

9. 您对贵企业的做法得到政府部门高度评价的赞同程度
（　　　）

A. 非常赞同　　　B. 比较赞同　　　C. 一般

D. 比较不赞同　　E. 不赞同

10. 您对贵企业的做法与政府政策相一致的赞同程度（　　　）

A. 非常赞同　　　B. 比较赞同　　　C. 一般

D. 比较不赞同　　E. 不赞同

11. 您对贵企业的做法经常成为政府推荐的样本的赞同程度
（　　）

A. 非常赞同　　　　B. 比较赞同　　　　C. 一般

D. 比较不赞同　　　E. 不赞同

（二）企业与社会关系

1. 您对与顾客的关系对贵企业很重要的赞同程度（　　）

A. 非常赞同　　　　B. 比较赞同　　　　C. 一般

D. 比较不赞同　　　E. 不赞同

2. 您对贵企业与顾客已经建立了密切联系的赞同程度
（　　）

A. 非常赞同　　　　B. 比较赞同　　　　C. 一般

D. 比较不赞同　　　E. 不赞同

3. 您对贵企业采取各种措施与金融机构建立良好关系的赞同
程度（　　）

A. 非常赞同　　　　B. 比较赞同　　　　C. 一般

D. 比较不赞同　　　E. 不赞同

4. 您对合作企业乐意与贵企业分享信息的赞同程度（　　）

A. 非常赞同　　　　B. 比较赞同　　　　C. 一般

D. 比较不赞同　　　E. 不赞同

5. 您对贵企业和合作伙伴关系很融洽的赞同程度（　　）

A. 非常赞同　　　　B. 比较赞同　　　　C. 一般

D. 比较不赞同　　　E. 不赞同

6. 您对贵企业采取各种措施与同行建立良好关系的赞同程度
（　　）

A. 非常赞同　　　　B. 比较赞同　　　　C. 一般

D. 比较不赞同　　　E. 不赞同

7. 您对贵企业与同行已经建立了密切联系的赞同程度
（　　　）

A. 非常赞同　　　　B. 比较赞同　　　　C. 一般

D. 比较不赞同　　　E. 不赞同

8. 您对贵企业经常影响同行并使其认可贵企业做法的赞同程
度（　　　）

A. 非常赞同　　　　B. 比较赞同　　　　C. 一般

D. 比较不赞同　　　E. 不赞同

9. 您对贵企业经常影响顾客并使其认可贵企业做法的赞同程
度（　　　）

A. 非常赞同　　　　B. 比较赞同　　　　C. 一般

D. 比较不赞同　　　E. 不赞同

10. 您对贵企业经常影响供应商并使其认可贵企业做法的赞
同程度（　　　）

A. 非常赞同　　　　B. 比较赞同　　　　C. 一般

D. 比较不赞同　　　E. 不赞同

11. 您对贵企业能够对行业标准产生影响的赞同程度（　　　）

A. 非常赞同　　　　B. 比较赞同　　　　C. 一般

D. 比较不赞同　　　E. 不赞同

12. 您对贵企业采取各种措施与供应商建立良好关系的赞同
程度（　　　）

A. 非常赞同　　　　B. 比较赞同　　　　C. 一般

D. 比较不赞同   E. 不赞同

13. 您对贵企业与供应商已经建立了密切联系的赞同程度（   ）

A. 非常赞同   B. 比较赞同   C. 一般

D. 比较不赞同   E. 不赞同

14. 您对贵企业经常参考同行做法以要求调整自身做法的赞同程度（   ）

A. 非常赞同   B. 比较赞同   C. 一般

D. 比较不赞同   E. 不赞同

15. 您对贵企业经常参考顾客做法以要求调整自身做法的赞同程度（   ）

A. 非常赞同   B. 比较赞同   C. 一般

D. 比较不赞同   E. 不赞同

16. 您对贵企业经常根据供应商做法以调整自身做法的赞同程度（   ）

A. 非常赞同   B. 比较赞同   C. 一般

D. 比较不赞同   E. 不赞同

九、企业危机公关模块

1. 贵企业有公关部门吗？（   ）

A. 已经有了   B. 准备设立   C. 不确定

D. 没有必要   E. 不用

2. 贵企业现在开展了危机公关吗？（   ）

A. 已经开展   B. 可以开展   C. 不确定

D. 没有必要   E. 不开展

3. 贵企业的危机公关主要面对哪方面群体？（　　）

A. 供应商　　　　　B. 消费者　　　　　C. 政府

D. 其他　　　　　　E. 不确定

4. 贵企业有明确的危机公关策略吗？（　　）

A. 有明确策略　　　B. 有，但不明确　　C. 正在制定

D. 没有明确策略　　E. 不确定

5. 贵企业开展企业公关宣传的渠道有（　　）

A. 自建网站或平台　　　　B. 完全外包给公关公司

C. 利用第三方平台　　　　D. 广告商或媒体

E. 其他

6. 贵企业进行危机公关的驱动因素主要包括（　　）

A. 领导要求　　　　　　　B. 母公司或股东要求

C. 担心业绩受影响　　　　D. 竞争对手所迫

E. 其他

7. 您所在企业开展危机公关的效果怎样？（　　）

A. 很好　　　　　　B. 不错　　　　　　C. 一般

D. 不好　　　　　　E. 不清楚

非常感谢您能在百忙之中抽出时间来填写这份问卷，您的回答会被认真记录和统计，您的所有意见和建议都将有助于贵公司的成长，期待在不久的未来，您的公司能够再上新台阶，再创新辉煌，也衷心地期待您能在贵公司成就自己的事业，让公司因为有您而骄傲！

在这里，再一次对您的付出表示最衷心的感谢！

参考文献

［1］CHARLES M. The organization and functions of foreign aid ［J］. Economic development and cultural change, 1973, 21 (4): 697－713.

［2］BARNEY J. Firm resources and sustained competitive advantage ［J］. Journal of management, 1900, 17 (1): 99.

［3］AILAWADI K L, LEHMANN D R, NESLIN S A. Revenue premium as an outcome measure of brand equity ［J］. Journal of marketing, 2003, 67 (4): 1－17.

［4］DONZÉ P Y, FUJIOKA R. The formation of a technology-based fashion system, 1945－1990: the sources of the lost competitiveness of japanese apparel companies ［J］. Enterprise and society, 2021, 22 (2): 438－474.

［5］ARENKOV I, SALIKHOVA I, DINARA YABUROVA. Intellectual capital in competitiveness development: qualitative research of retail companies ［C］. Third International Economic Symposium, 2019.

［6］JUSTINE F, MARION J, VALENTINA R. Defining firm competitiveness: a multidimensional framework ［J］. World development, 2020, 129 (C): 104857.

［7］APARNA L, SARA K. The "instrumentality" heuristic: why metacognitive difficulty is desirable during goal pursuit ［J］. Psychological science, 2009, 20 (1): 127－134.

[8] NI G D, XU H, CUI Q B, et al. Influence mechanism of organizational flexibility on enterprise competitiveness: the mediating role of organizational innovation [J]. Sustainability, 2021, 13 (1): 176.

[9] MAKSIMCHUK O, CHEVANIN V, KLYUSHIN V, et al. Logistics as a factor in the growth of competitiveness of regional enterprises of the construction industry [C]. Proceedings of the Volgograd State University International Scientific Conference "Competitive, Sustainable and Safe Development of the Regional Economy (CSSDRE 2019)", 2019.

[10] MAHONEY J T, PANDIAN J R. The resource-based view within the conversation of strategic management [J]. Strategic management journal, 1992, 13 (5): 363 –380.

[11] DRUCKER P F. Innovation and entrepreneurship [M]. Harper business, 2019.

[12] PIERRE C, WESLEY H J, et al. Does in-store marketing work? effects of the number and position of shelf facings on brand attention and evaluation at the point of purchase [J]. Journal of marketing, 2009, 73 (6): 1 –17.

[13] KOTHANDARAMAN P, WILSON D T. The future of competition: value-creating networks [J]. Industrial marketing management, 2001, 30 (4): 379 –389.

[14] PRAHALAD C K, HAMEL G. The core competence of the corporation [J]. Harvard business review, 1990, 68 (3): 79 –91.

［15］ ZHANG Q M, LUO E, WANG R Y. Research on quality competitiveness of manufacturing enterprises based on system dynamics ［C］. Proceedings of the 2019 2nd International Conference on Education, Economics and Social Science, 2019.

［16］ KAPLINSKY R, MORRIS M. A handbook of value chain research ［M］. Prepared for the international development research centre, 2001.

［17］ ROBERTS P W, DOWLING G. Corporate reputation and sustained superior financial performance ［J］. Strategic management journal, 2002, 23（12）: 1077 - 1093.

［18］ DANIEL H R, WANG Z. The implications of china-taiwan economic liberalization ［M］. Washington, D. C. : Peterson Institute for International Economics, 2011.

［19］ SEKLECOVA O V. Research of road-building industry enterprise competitiveness of the region ［C］. International Conference on Economic & Social Trends for Sustainability of Modern Society, 2020.

［20］ BOROZDINA S. Managerial mechanisms ensuring the development companies competitiveness in the market ［C］. Proceedings of the International Scientific-Practical Conference "Business Cooperation as a Resource of Sustainable Economic Development & Investment Attraction", 2019.

［21］ THROSBY D. Economics and culture ［M］. New York: Cambridge University Press, 2001.

［22］ ZAKARY L T, JOSHUA J C. Assimilation and contrast in

persuasion：the effects of source credibility in multiple message situations [J]. Personality and social psychology bulletin, 2007, 33 (4)：559 – 571.

[23] Ralf V D L, PIETERS R, WEDEL M. Competitive brand salience [J]. Marketing science, 2008, 27 (5)：922 – 931.

[24] TANATNH E, TALATIN E. Enterprise competitiveness management：problems and solutions [J]. Scientific research and development economics of the firm, 2019, 8 (2)：65 – 71.

[28] 德鲁克. 创新与企业家精神（珍藏版）[M]. 蔡文燕，译. 北京：机械工业出版社，2009.

[25] 卞琳琳，王怀明，汤颖梅. 农业上市公司治理结构与竞争力关系研究 [J]. 南京农业大学学报（社会科学版），2008，8 (1)：26 – 31.

[26] 蔡靖杰. 福建农产品品牌竞争力评价 [D]. 福州：福建农林大学，2010.

[27] 蔡俊伟，张京宪，吉小峰，等. 水平竞争力——"东高西低"梯度格局延续 [J]. 中国海关，2020 (7)：12 – 15.

[28] 蔡青. 大数据时代下企业竞争力提升探析 [J]. 企业科技与发展，2019 (5)：285 – 286.

[29] 曾浩磊. 企业核心竞争力与评价指标体系的构建 [J]. 全国流通经济，2019 (28)：55 – 56.

[30] 曾萍，廖明情，汪金爱. 区域多元化抑或产品多元化？制度环境约束下民营企业核心能力构建与成长战略选择 [J]. 管理评论，2020，32 (1)：197 – 210.

[31] 畅秀平, 志峰. 促进台资企业发展的税收政策思考——基于上海市的调研 [J]. 财会月刊, 2015 (29): 71 – 73.

[32] 车明佳, 赵彦云. 中国工业高质量发展生态及指数分析 [J]. 山西财经大学学报, 2021, 43 (4): 1 – 16.

[33] 陈广汉, 谭颖. 构建粤港澳大湾区产业科技协调创新体系研究 [J]. 亚太经济, 2018 (6): 127 – 134, 149.

[34] 陈红儿, 陈刚. 区域产业竞争力评价模型与案例分析 [J]. 中国软科学杂志, 2002 (1): 99 – 105.

[35] 陈嘉, 韦素琼, 严小燕. 台商在闽农业投资的技术溢出机制与影响因素——以漳州台资蝴蝶兰企业为例 [J]. 台湾研究集刊, 2020 (1): 79 – 89.

[36] 陈嘉. 台商对大陆农业投资的技术扩散研究——以福建省为例 [D]. 福州: 福建师范大学, 2016.

[37] 陈建军, 胡晨光. 产业集聚的集聚效应: 以长江三角洲次区域为例的理论和实证分析 [J]. 管理世界, 2008 (6): 68 – 83.

[38] 陈建林. 台资企业对祖国大陆投资环境的评价与比较 [J]. 国际商务 (对外经济贸易大学学报). 2008 (4): 87 – 91.

[39] 陈劲, 贾根良. 理解熊彼特: 创新与经济发展的再思考 [M]. 北京: 清华大学出版社, 2013.

[40] 陈蓉, 吴凤娇. 产业协同集聚与生产性服务业台商投资区位选择 [J]. 台湾研究, 2019 (4): 78 – 85.

[41] 陈融. ECFA 的后续篇章——大陆关于台胞投资权益保护法制的成就与完善 [J]. 法治研究, 2011 (1): 50 – 55.

[42] 陈通. 中小农业民营企业竞争力提升研究 [J]. 中国中

小企业，2019（12）：102－103.

［43］陈晓萍，徐淑英，樊景立. 组织与管理研究的实证方法［M］. 北京：北京大学出版社，2008.

［44］陈衍泰，陈国宏，李美娟. 综合评价方法分类及研究进展［J］.管理科学学报，2004（2）：69－79.

［45］陈艳华，韦素琼，陈松林. 大陆台资跨界生产网络的空间组织模式及其复杂性研究——基于大陆台商千大企业数据［J］.地理科学，2017，37（10）：1517－1526.

［46］陈云贤. 推动粤港澳大湾区金融发展［J］.中国金融，2018（21）：10－13.

［47］陈运森，朱松. 政治关系、制度环境与上市公司资本投资［J］.财经研究，2009，35（12）：27－39.

［48］单玉丽. 宏观环境变化对大陆台商的影响与发展路径选择［J］.亚太经济，2017（4）：150－154.

［49］邓新明. 竞争需要非市场思维［J］. 清华管理评论，2018（3）：30－35.

［50］杜纲，崔婷. 企业核心竞争力的层次——维度结构及其评价判定模型研究［J］.科学学与科学技术管理，2005，26（1）：138－142.

［51］范旭，刘伟. 基于创新链的区域创新协同治理研究——以粤港澳大湾区为例［J］.当代经济管理，2020，42（8）：54－60.

［52］范越龙. 杭州市引进台湾金融业的竞争力分析：基于杭、宁、锡、苏、沪、甬的比较［J］.国际经济合作，2015（2）：

91 – 95.

[53] 冯婧. 处理效应模型的前沿理论及其应用——基于结婚对女性收入影响的实证研究 [D]. 北京：对外经济贸易大学，2016.

[54] 冯宗宪，王青，侯晓辉. 政府投入、市场化程度与中国工业企业的技术创新效率 [J]. 数量经济技术经济研究，2011，28 (4)：3 – 17，33.

[55] 高红蕾，侯鹏，刘思明，等. 制造业软国际竞争力评价体系构建与实证分析 [J]. 调研世界，2020 (3)：37 – 43.

[56] 顾穗珊，周旭，刘俊，等. 企业产品创新保证要素及量化评价研究 [J]. 工业技术经济，2020，39 (8)：13 – 20.

[57] 韩海燕，任保平. 黄河流域高质量发展中制造业发展及竞争力评价研究 [J]. 经济问题，2020 (8)：1 – 9.

[58] 何阿毡. 企业品牌竞争力评价指标体系构建 [J]. 重庆科技学院学报 (社会科学版)，2010 (3)：100.

[59] 姜毅. 关于互联网时代如何提升企业竞争力的研究 [J]. 纳税，2019 (34)：222.

[60] 焦国华，江飞涛，陈舸. 中国钢铁企业的相对效率与规模效率 [J]. 中国工业经济，2007 (10)：37 – 44.

[61] 焦立新，金怀玉. 基于县域经济发展要素竞争力的评价指标体系构建 [J]. 安徽科技学院学报，2010 (3)：88 – 94.

[62] 金碚. 中国企业竞争力报告 (2008)：企业成本与竞争力 [M]. 北京：社会科学文献出版社，2008.

[63] 卡麦兹. 建构扎根理论：质性研究实践指南 [M]. 边

国英，译. 重庆：重庆大学出版社，2009.

[64] 李非，张路阳. 两岸高科技产业合作新态势与机制创新研究 [J]. 亚太经济，2012（1）：131 - 137.

[65] 李钢. 财务指标对企业竞争力影响的实证分析 [J]. 管理科学，2004（2）：72 - 77.

[66] 李光斗. 品牌竞争力 [M]. 北京：中国人民大学出版社，2004.

[67] 李海航，聂辉华. 企业的竞争优势来源及其战略选择 [J]. 中国工业经济，2002，（9）：5 - 13.

[68] 李维安，马超. "实业 + 金融" 的产融结合模式与企业投资效率：基于中国上市公司控股金融机构的研究 [J]. 金融研究，2014（11）：109 - 126.

[69] 李文茜，刘益. 技术创新、企业社会责任与企业竞争力——基于上市公司数据的实证分析 [J]. 科学学与科学技术管理，2017，38（1）：154 - 165.

[70] 李臻，耿曙. 经济新常态下用地困境、供应链网络与台资企业转型升级——基于 453 家企业样本的调研 [J]. 台湾研究集刊，2020（1）：68 - 78.

[71] 林如海，彭维湘. 广东企业创新存在的问题及对策研究 [J]. 科技管理研究，2010（4）：12 - 14.

[72] 林晓峰，陈丽丽. 新常态下大陆台资企业转型升级的困难与路径 [J]. 亚太经济，2015（5）：132 - 137.

[73] 林毅夫，孙希芳，姜烨. 经济发展中的最优金融结构理论初探 [J]. 经济研究，2009，44（8）：4 - 17.

［74］林永权，蔡渭水，王建彬. 以价值链观点对海峡两岸汽车产业资源移动策略之研究［J］.科技管理研究，2010（C1）.

［75］蔺元，刘志新. 基于 DEA 的上市公司产融结合效率研究［C］.第十二届中国管理科学学术年会论文集，2010.

［76］刘成昆，陈致远. 粤港澳大湾区城市旅游竞争力的实证研究［J］.经济问题探索，2019（2）：88－94.

［77］刘丹丹. 优化沈阳市营商环境提高企业竞争力［C］.第十六届沈阳科学学术年会论文集，2019.

［78］刘海云，田敏. 研发投入、生产率及企业出口竞争力［J］.中国科技论坛，2013（4）：54－58.

［79］刘慧廷. 粤港澳大湾区服务业竞争力及影响因素研究［D］.广州：华南理工大学，2019.

［80］刘金山，文丰安. 粤港澳大湾区的创新发展［J］.改革，2018（12）：5－13.

［81］刘美玲. 产业结构升级背景下我国对外贸易核心问题研究［J］.价格月刊，2020（7）：80－84.

［82］刘星，代彬，郝颖. 高管权力与公司治理效率：基于国有上市公司高管变更的视角［J］.管理工程学报，2012，26（1）：1－12.

［83］刘迎秋，张亮，魏政. 中国民营企业"走出去"竞争力 50 强研究：基于 2008 年中国民营企业"走出去"与竞争力数据库的分析［J］.中国工业经济，2009（2）：5－14.

［84］刘志康. 关于多元化经营战略对企业竞争力作用研究——以烟台张裕集团有限公司为例［J］.现代商业，2018（11）：

85 – 86.

[85] 刘志新, 刘琛. 基于 DFA 的中国商业银行效率研究 [J]. 数量经济技术经济研究, 2004, 21 (4): 42 – 45.

[86] 卢敏, 胡建青. 浙江亚特电器通过运营管理提升企业竞争力的策略研究 [J]. 智库时代, 2019 (21): 19 – 20.

[87] 卢天池, 张国有. 公有云服务商竞争力的中美比较 [J]. 科技管理研究, 2020, 40 (4): 138 – 145.

[88] 德威利斯. 量表编制: 理论与应用 [M]. 魏勇刚, 龙长权, 宋武, 译. 重庆: 重庆大学出版社, 2004.

[89] 波特. 竞争战略 [M]. 陈小悦, 译. 北京: 华夏出版社, 2005.

[90] 毛一雷, 刘志辉. 基于扎根理论的上市公司竞争力影响因素研究 [J]. 图书情报工作, 2018, 62 (20): 95 – 101.

[91] 聂辰席. 企业竞争力定量评价的综合指数法 [J]. 河北建筑科技学院学报, 2002 (2): 75 – 76, 86.

[92] 彭莉. 大陆涉台投资法 30 年进路考察 [J]. 台湾研究集刊, 2019 (1): 46 – 53.

[93] 钱学锋, 王备. 中国企业的国际竞争力: 历史演进与未来的政策选择 [J]. 北京工商大学学报 (社会科学版), 2020, 35 (4): 43 – 56.

[94] 邵一磊, 尤建新, 徐涛, 等. 基于云模型的证券公司竞争力评价方法 [J]. 同济大学学报 (自然科学版), 2020, 48 (10): 1515 – 1522.

[95] 申明浩, 谢观霞, 杨永聪. 新时代粤港澳大湾区协同

发展——一个理论分析框架 [J].国际经贸探索,2019,35(9):105 – 118.

[96] 申志东. 运用层次分析法构建国有企业绩效评价体系 [J].审计研究,2013(2):106 – 112.

[97] 盛九元. ECFA 对长三角台商投资及发展趋势的影响 [J].北京联合大学学报(人文社会科学版),2011(2):62 – 66.

[98] 盛明泉,汪顺. 年金与企业竞争力提升 [J].中央财经大学学报,2017(6):91 – 100.

[99] 石正方. 两岸服务贸易协议助力大陆台资企业转型升级刍议 [J].亚太经济,2015(3):130 – 135.

[100] 孙斌. 企业战略与企业竞争力的相关性分析 [J].现代营销(下旬刊),2019(2):10.

[101] 台湾"资策会"MIC 年鉴 [M]. 2015 – 2017.

[102] 台湾区电机电子工业同业公会. 2017 年中国大陆地区投资环境与风险调查 [M].台湾:商周编辑顾问出版社,2017.

[103] 唐永红. ECFA 下两岸经济制度性合作与一体化发展问题探讨 [J].台湾研究集刊,2012(5):64 – 71.

[104] 王伯安,吴海燕,曾广层. 我国石化行业的竞争力评价研究 [J].经济与管理研究,2010(9):41 – 49.

[105] 王坚强,阳建军. 基于 DEA 模型的企业投资效率评价 [J].科研管理,2010,31(4):73 – 80.

[106] 王建民. 深化两岸产业合作的战略意义与发展形势 [J].北京联合大学学报(人文社会科学版),2012(3):78 – 86.

[107] 王敏,吴小芳,陈勇. 多元化经营对上市公司财务绩

效的影响及其差异——基于成长期与成熟期企业的实证与比较 [J]. 湖南农业大学学报（社会科学版），2018，19（4）：85 – 91.

[108] 王友丽，南宁豫. 粤港澳大湾区高科技产业供应链协同发展研究 [J]. 国际贸易，2020（6）：37 – 44.

[109] 王宇. 台资企业在大陆集中区域的未来发展趋势 [J]. 企业导报，2014（2）：64，75.

[110] 王运陈，左年政，谢璇. 混合所有制改革如何提高国有企业竞争力？[J]. 经济与管理研究，2020，41（4）：49 – 61.

[111] 王佐. 大数据时代企业竞争力重塑 [J]. 中国流通经济，2017，31（12）：3 – 13.

[112] 韦燕燕. 模糊综合评判法在企业市场适应能力评价中的应用 [J]. 工业工程，2005（2）：101 – 103.

[113] 吴友，刘乃全. 不同所有制企业创新的空间溢出效应 [J]. 经济管理，2016，38（11）：45 – 59.

[114] 吴钰妍，王妹. 基于功效系数法的大秦铁路绩效评价 [J]. 物流科技，2020，43（8）：58 – 60.

[115] 吴祖军，彭勃. 基于因子分析法的宁波舟山港口竞争力分析 [J]. 特区经济，2018（9）：115 – 117.

[116] 伍湘陵，邓启明. 大陆台资企业转型升级风险 [J]. 台湾研究，2019（2）：33 – 40.

[117] 夏淼，张国方，宋景芬. 中国上市汽车企业竞争力评价研究 [J]. 数字制造科学，2018（4）：293 – 298.

[118] 谢国娥，许瑶佳，杨逢珉. 台商对大陆农业投资的贸易效应分析 [J]. 华东理工大学学报（社会科学版），2018，33（3）：

65 – 77, 116.

[119] 许桂荣. 两岸视野下平潭综合实验区的法律制度构建问题 [D]. 北京：中国政法大学，2015.

[120] 许志桦，刘云刚，胡国华. 从珠三角到大珠三角再到粤港澳大湾区：改革开放以来中国的国家尺度重组 [J]. 热带地理，2019，39（5）：635 – 646.

[121] 颜莉虹. 闽台服务业企业合作模式研究——基于厦漳两市台资、闽资企业的调研 [J]. 台湾研究集刊，2019(4)：64 – 73.

[122] 杨路明，张惠恒，濮淑芳. 电子商务对传统企业竞争力的提升路径研究 [J]. 经济问题探索，2020（2）：39 – 50.

[123] 杨明. 基于企业家精神的小微企业竞争力提升研究 [J]. 中外企业家，2019（24）：240.

[124] 杨宜，张宇馨，孙桂生. 台资在京津冀地区的发展对策研究 [J]. 北京联合大学学报（人文社会科学版），2016，14（4）：48 – 55.

[125] 叶作义，吴文彬. 企业研发投入的驱动因素分析——基于中国上市公司企业家精神角度 [J]. 上海对外经贸大学学报，2018，25（2）：41 – 50，86.

[126] 于铁山. 基于 logit 模型的台资企业转型升级意愿研究——以广东东莞为例 [J]. 台湾研究集刊，2020（2）：56 – 67.

[127] 于文益，黄海滨，肖田野. 标杆分析法的引进与应用研究 [J]. 广东科技，2013（13）：39 – 42.

[128] 于新亮，程远，胡秋阳. 企业年金的"生产率效应" [J]. 中国工业经济，2017（1）：155 – 173.

[129] 张滨, 刘小军, 李永健. 粤港澳经济圈 OEM 企业转型建议 [J]. 开放导报, 2017 (1): 110 – 112.

[130] 张峰, 宋晓娜, 董会忠. 粤港澳大湾区制造业绿色竞争力指数测度与时空格局演化特征分析 [J]. 中国软科学, 2019 (10): 70 – 89.

[131] 张冠华. 关于开展两岸产业合作合理分工与布局的内涵探讨 [J]. 台湾研究, 2013 (6): 18 – 23.

[132] 张进财, 左小德. 企业竞争力评价指标体系的构建 [J]. 管理世界, 2013 (10): 172 – 173.

[133] 张良卫, 黎钰婷, 李新. 粤港澳新合作: 广州南沙现代物流总部经济探析 [J]. 物流技术, 2013, 32 (7): 10 – 13.

[134] 张晓磊, 张二震. 外资进入、产业关联与本土企业单位劳动成本: 基于中国工业企业数据的实证 [J]. 世界经济研究, 2019 (5): 120 – 133, 136.

[135] 张晓磊. 外资进入对中国制造业企业单位劳动成本影响研究 [D]. 南京: 南京大学, 2017.

[136] 张旭, 宋超, 孙亚玲. 企业社会责任与竞争力关系的实证分析 [J]. 科研管理, 2010 (3): 149 – 157.

[137] 张雁月, 王凤洲. 基于演化理论的竞争力评价模型研究 [J]. 经营与管理, 2019 (6): 134 – 139.

[138] 张雁月. 企业竞争力与企业价值的关系研究——以高新技术上市公司为例 [D]. 厦门: 集美大学, 2019.

[139] 赵春兰. 涉台纠纷仲裁调解现状与对策: 基于对在宁波台资企业的调查 [J]. 北京仲裁, 2011 (4): 130 – 136.

[140] 赵金薇，申红卫. 基于 DEA 模型的中国煤炭企业技术创新效率评价 [J]. 煤炭经济研究，2021，41（1）：17 – 21.

[141] 赵俊仙. 基于钻石模型的零售企业竞争力优势构建 [J]. 商业经济研究，2018（13）：116 – 119.

[142] 赵树宽，余海晴，巩顺龙. 基于 DEA 方法的吉林省高技术企业创新效率研究 [J]. 科研管理，2013，34（2）：36 – 43，104.

[143] 赵顺龙. 培育企业核心竞争能力的思考——扬子石油化工股份有限公司个案分析 [J]. 管理世界，2000（6）：176 – 181.

[144] 支燕，吴河北. 动态竞争环境下的产融结合动因——基于竞争优势内生论的视角 [J]. 会计研究，2011（11）：72 – 77.

[145] 周四清，庞程. 产业集聚及协调发展对区域科技创新水平的影响——基于粤港澳大湾区制造业、金融业、教育的实证研究 [J]. 科技管理研究，2019，39（19）：104 – 114.

[146] 周忠菲. 金融危机与大陆台资中小企业发展：基于上海台资企业的问卷调查 [J]. 世界经济研究，2011（2）：75 – 79，89.

[147] 朱家明，祝静远. 基于因子分析结合加权 Topsis 法对化学制药上市公司竞争力的综合评价 [J]. 长春工业大学学报，2019，40（2）：186 – 195.

[148] 朱磊. 中美贸易摩擦升级对大陆台商的影响及建议 [J]. 亚太经济，2019（5）：136 – 142，152.